会社に頼れない時代の「資格」の教科書

『THE 21』編集部［編］

PHP
Business Shinsho

PHPビジネス新書

はじめに——資格がキャリアの「武器」になる！

「一生、今の会社で働き続けるのは難しいかもしれない」

「自分が今やっている仕事は、10年後も存在しているのだろうか」

今や、働く人の大半が、こうした不安を抱えています。

終身雇用制は崩壊し、給与もなかなか上がらない。仕事に求められるスキルは日々変化し、自分の仕事がいつ陳腐化するか、予測がつかない。

そんな時代に生き残っていくためには、自分のキャリアを自分で切り拓く必要がある……多くの人がそう考えながら、実際に行動を起こしている人はごくわずかでしょう。

より正確には、「何から始めたらいいのかわからない」というのが本音かもしれません。

「だからこそ今、資格を」というのが、本書の主張です。

「今さら資格？」と思う方もいるかもしれませんが、「会社に頼れない時代になったからこそ、資格が再び重要になってきている」のです。これまでは会社の名前である程度仕事ができたかもしれませんが、今後は「自分は何者で、どういう能力を持っているか」を一人ひとりが問われる時代になっているのです。

資格を取ることの効能はいくつもありますが、一つあげれば「キャラクターを立てられる」ことがあります。

たとえば、ずっと営業畑を歩んできた人が「簿記」の資格を取得すれば、「数字に強い営業マン」という個性を得ることができます。いわゆる「キャラの立った人」は、印象に残ります。転職に有利なのはもちろん、顧客からも覚えてもらいやすくなる。結果、仕事もうまくいくようになるでしょう。

このように、今までの自分のキャリアに「資格」をプラスすることで、その人ならではの強みを手に入れれば、転職をするにしても、社内で出世を目指すにしても、キャリアの可能性がずっと広がるわけです。

とはいえ、世の中には数えきれないほどの資格があります。そこで本書では、「資格をどのようにキャリアに活かすか」の発想法とともに、識者の方々に「注目すべき資格」をタイプ別に選んでもらっています。その中からぜひ、自分のキャリアに活かせる、あるいは「なりたい自分になる」ための資格を見つけてもらえればと思います。

本書誕生のきっかけは、月刊ビジネス誌『THE21』のオンラインサイトである「THE21オンライン」に掲載された「40代からでも取っておきたい『資格』」という記事がネット上で大反響を呼んだことです。それを受け、本誌2018年7月号にて「まだ間に合う！40代からの資格＆勉強法」の特集を組んだところ、これまた大好評を博しました。

その際の取材記事に加え、新たに追加取材を行なって大幅に内容を充実させたのが本書です。お読みいただくことでぜひ、自分のキャリアを切り拓くための「資格という武器」を手に入れていただければと願っております。

『THE21』編集部

会社に頼れない時代の「資格」の教科書　目次

第1章 「資格」を活用して、自分のキャリアを切り拓こう！

「資格の達人」に聞く！
鈴木秀明　資格コンサルタント

第3章 誰もが気になる「語学」の資格

英語学習法

関 正生 英語講師

忙しい社会人のための「最も効率的」な英語学習法とは？……146

他に武器があれば、英語は切り捨ててもいい／多忙なビジネスパーソンの学習には「絞り込み」が不可欠！／まずは単語と文法で土台を固める／文法は他の弱点をカバーしてくれる／最も効率の良い英語学習の手順とは？／【単語】——1日200語×5日を繰り返す／【文法・リーディング】——「繰り返し音読」でマスター／【リスニング】——「正しい音」を知れば、劇的に聞き取れるように／【ライティング・スピーキング】——英文は子供に説明するように！

その他の言語系資格

新条正恵 マルチリンガルクラブ主宰

今、学ぶべき「第二外国語」はどれか？……158

実は「インバウンド」の8割がアジアという事実／アフリカでフランス語が必要とされる理由とは？／ビジネスニーズとしてはやっぱり「中国語」／アジア系の言語の「簡単な会話力」を身につけよう／自分だけの「学習ノート」の勧め／「近い言語」であればあるほど、学びやすい／「自分の耳に心地よい言語」を探してみよう／各種外国語の資格をどう考えるか

第4章
最短で「合格」を勝ち取る勉強法

計画編
忙しい人が最短で合格できる「試験勉強計画」の立て方……176
鬼頭政人 資格スクエア代表
合格までの時間はなるべく短く設定せよ！／あなたは「自分が集中できる時間」を知っていますか？／ネットのレビューでテキストを選んではならない／インプットよりもアウトプットに比重を／今の実力の「1割増し」が、勉強の筋力を高める！／突然のスランプ、その二つの理由とは？／あえて「やり残し」を作ることがやる気を続かせるコツ／資格試験勉強は一生モノのスキルである

集中編
自分のタイプを知れば「集中」は自在に操れる！……191
小沼勢矢 ㈱プロ・アライブ代表取締役社長
「フロー」状態に入るための3つの条件／資格取得後の未来を、リアルに生々しく描いてみよう／「集中のスイッチ」は脳のタイプによって異なる⁉

記憶編 山口佐貴子 ㈱尽力舎代表取締役

記憶のコツは「フック」を作り、「連想ゲーム」で覚えること…………198

「アウトプットの形式」に合わせないと、記憶はムダになる／イメージと語呂合わせを最大限に活用しよう！／完璧に覚えたいときは「白紙復元」が効果的

資格索引 204

本書は、『THE21』2018年7月号の総力特集「まだ間に合う！ 40代からの資格&勉強法」をもとに、新たな取材と加筆を行い、再編集したものです。

なお、本書で紹介した資格に関する情報は、2018年11月時点のものであり、変更になる可能性があります。また、難易度はあくまで目安です。

第 1 章

「資格」を活用して、自分のキャリアを切り拓こう！

「資格取得は、キャリア形成の大きな武器になる」

だが、資格をキャリアに活かすためには、世の中にはどんな資格があり、どのような基準で選べばいいか、把握しておくことが先決だ。

ここでは「資格の達人」と呼ばれる方々に、「経験のない人が一から始めても取得できる」「ある特定の仕事に就くための資格ではなく、現在の仕事のキャリアアップにつながる」可能性のある資格を中心に紹介してもらう。

「資格の達人」に聞く！

今、取るべき資格とは？

ひと言で資格といっても、難関資格から手軽な検定まで、世の中には無数の資格・検定がある。では、実際にはどんな資格・検定があり、どういう基準で選べばいいのか。６００近くもの資格を持ち、資格コンサルタントとして活躍する鈴木秀明氏に、資格の世界の現状と、タイプ別のお勧め資格についてうかがった。

鈴木秀明

資格コンサルタント

「儲かる資格」って、本当にあるの？

資格というと「一念発起して難関資格を取得して独立」というイメージを持つ方が多いかと思います。もちろん、今でもそういったキャリアアップは可能ですが、「資格さえ取れば人生安泰」という時代はもう終わったと言わざるを得ません。ＩＴやＡＩの発達により、弁護士や会計士といった士業ですら食えなくなる時代が来ると言われています。「一つの資格だけで食べていく」ことを目指すのはお勧めできません。

だからといって、「資格の価値がなくなった」ということは決してありませんし、実際、今でも多くの人が資格取得を目指して勉強しています。

では、資格は何に役立つのか。働く人にとっての一番の効用は「キャリアを補強する」ことでしょう。資格取得の過程で得た知識やスキルが仕事に役立つのはもちろん、資格を取得したという事実が自身の箔《はく》づけになります。ある分野の専門家として認められることで、キャリアアップや年収アップを狙うことが可能です。

ただ、このような話をするとよく、「では、どの資格を取るのが一番儲かりますか?」と聞かれるのですが、職歴や得意分野・強みは人により異なるので、どの資格がベストかというのも人それぞれです。

たとえば、「**アクチュアリー**」という資格があるのをご存知でしょうか。これは保険の数理計算をするための資格で、保険や年金の料率設定などをする際に必要とされるものです。保険業界では非常に評価の高い資格であり、儲かるという意味では、これを持っていれば保険会社で年収1000万円も望めます。大手損保会社に勤める私の友人がこの資格を取得していますが、同期トップで課長補佐になるなど、出世頭として活躍しています。

ただ、この試験はとんでもなく難しい。少なくとも難関大学の理工系学部卒クラスの数学スキルのある人でないと正直、歯が立たないのではないかというレベルです。それにもかかわらず、保険業界等にいなければほぼ使い道のない資格です。

このように「儲かる資格」といえるものがないわけではないのですが、自分のキャリアと結びついていなければ意味がありませんし、儲かるからといって難関資格に挑んだところで、その努力が報われるとは限らないのです。

「キャリアを補強する」ためにお勧めの資格は？

それよりも私がお勧めしたいのは、自らのキャリアを踏まえたうえで、それを補強するための資格取得です。たとえば管理職の人が今後もマネジメントの分野で活躍していきたいのなら、部下のマネジメントやモチベーション管理に関する資格を取得するのがお勧めです。具体的には**「公認モチベーション・マネジャー」**（39ページ）や**「ビジネス心理検定」**（41ページ）などがあげられるでしょう。昨今は部下のメンタル管理も重要ですから、**「メンタルヘルス・マネジメント検定」**（59ページ）を受けてみるのもよいでしょう。

将来的に企業経営に携わりたいのであれば、会計や経営に関する資格が有効です。具体的には、まずはベースとして**「日商簿記」**（81ページ）2級（いわゆる「簿記2級」）を取得。そのうえで、国家資格である**「中小企業診断士」**（19ページ）まで取れればベター。難関資格ですが、経済・会計・経営・法務・ITなど、企業経営に関する幅広い分野の知識を高められます。

自分の仕事と直結している資格ばかりがいいとも限りません。私がよくお勧めするのは**「銀行業務検定」(19ページ)**。これは銀行員のための資格ですが、多くの経営者にとって、銀行との付き合いは必須です。「相手の手の内を知る」という意味で、仕事にとても役立つのです。たとえば融資を引き出すためにはどのようなトークが効くか、などが見えてきます。

男性も「秘書検定」を受けるべき!?

まだ、自身の専門分野が確立していない若い方に勧めたいのは、「社会人基礎力」を身につけられる資格です。

では、現代のビジネスパーソンにとって必須の基礎力とは何かと言えば、「会計力」「IT力」「英語力」だと私は考えています。

「会計力」とは、具体的には簿記の知識となります。簿記は経理職の専門分野と思われがちですが、実際には全ビジネスパーソン必須の知識。財務諸表の基礎知識があるかどうか

1 難関だが、「上を目指す」なら狙いたい！

中小企業診断士

難易度
難しい

タイプ　キャリアアップ、独立
時　期　年１回（８月・第１次）

経営学をはじめとして経済学・会計・経営法務・情報システムといった多くの科目をパスしなければならない難関の国家資格。ただ、企業経営の幅広い知識が身につき、世間一般の評価も高いため、数年かけてでも狙う価値がある。資格取得には、第２次試験、または養成講座の修了が必要。

2 銀行員以外にもお勧めの意外な資格

銀行業務検定

難易度
ふつう

タイプ　キャリアアップ
時　期　年３回（３月、６月、10月）

基本的には銀行など金融機関の職員が取得する資格で、法人融資渉外、事業性評価、信託実務などの種目に細分化されている。ただ、一般の人が取っても、銀行員の手のうちが読めるなどさまざまなメリットがある。興味のある分野の種目をピンポイントで取得するのもいい。

で、ビジネスの見え方はまったく変わってきます。

「IT」に関しては今後、文部科学省の方針もあり、デジタルネイティブ世代が続々と現れてきます。そうした人たちに対抗するためにも必須です。

最後の「英語」についてはいうまでもありませんが、人材会社の転職エージェントに聞くと、「英語ができるかどうかで、転職先での年収が数百万違ってくる」と言います。今すぐ必要でなくても、自分の可能性を広げるため、ぜひ身につけておきたいスキルです。

加えて、少し変わり種の資格としてお勧めしたいのが**「秘書検定」**（21ページ）です。本来は秘書業務につく人のための資格なのですが、ここで問われるのはマナーや敬語といったコミュニケーションの基本や、ビジネス用語の基礎知識といったもので、秘書に限らずすべての新人ビジネスパーソンに必須のものばかり。学ぶ価値は十二分にあります。ただ、実際に試験に行くと受験者の9割が女性なので、男性受験者は少々、肩身が狭いですが……。

また、**「日本語検定」**（21ページ）**「日本漢字能力検定（漢検）」**（23ページ）といった言葉関係の検定もお勧めです。「今の若い人は言葉を知らない」「ちゃんとした文章を書けない」

3 秘書志望でなくても役に立つ!?

秘書検定

難易度

ふつう

タイプ スキルアップ

時　期 年3回(2月、6月、11月)(準1級と1級は6月、11月)

秘書検定という名称ではあるが、一般常識からマナー、気配り、言葉遣いなど、社会に出て働く人なら誰でも備えておかなければならない基本的な常識を問う内容になっている。筆記試験と面接試験(準1級以上)があり、3級、2級、準1級、1級の4レベル。

4 あなたの日本語、実はおかしくない？

日本語検定

難易度

ふつう

タイプ スキルアップ

時　期 年2回(6月、11月)

日頃、何気なく使っている日本語を、より正しく使えるようになるための知識を問う検定。実際、気づかぬうちに間違った言葉遣いをしていることは多いもの。試験内容は漢字、表記、敬語、言葉の意味、語彙、文法など。7級から1級までレベルが分かれている。

と言われがちだからこそ、こうした資格を持っていると一目置かれるのです。「受け取りました」より「拝受」という言葉を使ったほうが丁重さを伝えられるように、知っているか知らないかで大きな差がつくのが言葉の世界。語彙力が最近、ブームになっているのも、同様の背景があるからでしょう。

近年はLINEなどのメッセージアプリの発達で、正確な表現よりも「通じればいい」というコミュニケーションが増えているように思います。言葉は年齢を重ねるとなかなか矯正しにくいので、ぜひ早めに学んでおくことをお勧めします。

芸能人はなぜ「資格」を習得するのか？

一方で近年、「資格の大衆化」とも呼べるような現象が起きています。

特に、最近増えている「検定」系はそうで、一つのテーマについてクイズ感覚で学んでみよう、という手軽なノリで運営されているものが少なくなく、検定によっては試験そのものと講演会や催しが一体化していたり、限定グッズがもらえたりと、多分に「イベント

5 取っておくと一目置かれる人気検定

日本漢字能力検定（漢検）

難易度
ふつう

タイプ　スキルアップ
時　期　年３回（２月、６月、10月）

レベルは12段階に細かく分かれており、このうちすべての常用漢字の読み書きと活用能力を問う「２級」が、社会で一般的に通用する漢字能力と言える。１級となるとかなりマニアックな漢字も問われる。年間200万人以上が受ける人気検定。

6 専門家として転職のチャンスも？

ドローン検定（無人航空従事者）

難易度
ふつう

タイプ　スキルアップ、転職
時　期　年６回（奇数月）

2015年スタートの新しい資格。無人航空機（ドローン）の構造や飛行に関する特性、電気電子工学、航空力学などの知識を問うもので、実技はなく筆記での試験のみ。ドローンの活用は各分野で進められており、今後、ますますニーズが高まると考えられる注目の資格。

化」してきている側面があります。

私は、資格というものをあまり堅く考えないほうがいいと思っています。少なくとも、一昔前のイメージとはだいぶ変わってきており、より気軽に取り組めるものになってきているからです。

こうした気軽な資格を取ったところで本当に役に立つのか、と疑問に思う人もいるでしょうが、これについては昨今の芸能界の様子が参考になると思います。

たとえば漢検1級や準1級を持つ芸能人が「知的タレント」としてクイズ番組等で活躍したり、ある特定のジャンルの資格を持つタレントが「〇〇芸人」として重宝されたりする様子をしばしば見かけると思います。たとえばアンジャッシュの渡部建氏はグルメとして知られていますが、**「日本さかな検定（ととけん）」**（123ページ）を取得することでより専門家としての箔をつけるなど、資格を上手に活用しています。

典型的なのが**「野菜ソムリエ」**（123ページ）かもしれません。女性タレントを中心に多くの芸能人が取得し、「家庭的」「健康的」というイメージを得ることに成功しています。

これらは一方で、検定側が知名度を高めるためにタレントを利用しているという側面もあるのですが、タレント側も「キャラづけが明確になる」ということで大いにメリットを享受しているわけです。

これは一般のビジネスパーソンにも通用することです。単なる「営業マン」「店長」よりも、「○○ができる営業マン」「○○に詳しい店長」と明確に打ち出せるほうがより印象に残りますし、人としての深みを感じさせることができます。仕事に直結した資格であればベターですが、仕事とは一見無関係な資格であっても、それが自分を彩る武器になることがあります。私の知人に、「プロボクサーライセンスを持つ税理士」がいますが、掛け合わせがプロフィールのアクセントとなっている良い例だと思います。

このように、資格によって自分の売りやキャラクターを明確化できれば、「どこにでもいる普通の人」から脱却することができ、この先のキャリア形成にも役立つというわけです。

「興味のあること＋資格」で検索してみると……

また、新たなことを学びたいとき、資格を活用するというのはとてもいい方法です。たとえば、歴史について学びたいなら**「歴史能力検定」**（127ページ）や**「日本城郭検定」**、登山好きなら**「山の知識検定」**など、数々の検定があります。試験結果が上達のバロメーターとなるので、モチベーション高く勉強を続けられるでしょう。現在は乱立気味といえるほど数多くの資格・検定がありますから、学びたい分野について「〇〇検定」でネット検索してみると、意外と多くの資格や検定が見つかるはずです。

中でも根強い人気を誇るのが、いわゆる「ご当地検定」。地域の歴史や文化をより深く学ぶために有用ですが、取っておくと地域のガイドとして活躍できるなどのメリットもあります。

逆に、資格というきっかけがあるからこそ新しい知見を得られることもあります。その意味で最近、私が感銘を受けたのが**「『筋肉のこと知ってますか？』検定」**。筋肉と健康は非常に密接に結びついていますから、「けがをしない身体づくりのためにはどうすればいいのか」「どんな食事を心がけたらいいのか」など、筋肉という観点から健康維持に役立つ知識が身につくのです。

今治タオル工業組合が主催する**「タオルソムリエ」**（129ページ）も興味深い資格でした。

繊維についての知識からタオルの選び方まで出題内容は幅広く、試験も意外と難しいのですが、それだけにタオルの世界の奥深さがわかる内容でした。

ちなみに衣料品にまつわる資格としては、**「靴下ソムリエ」「レザーソムリエ」「ジーンズソムリエ」**などいろいろありますが、なぜか「ソムリエ」とつくものが多いのが面白いところです。なお、書店に行くと、こうした各種資格・検定のテキストが大量に並んでいます。こうしたテキストの中から興味を惹かれたものを選ぶ、という探し方もありだと思います。

「最先端の資格」を取れば、第一人者として活躍することも

資格を活用して最先端の知識を勉強する、という方法もあります。たとえば、**「ドローン検定（無人航空従事者）」**（23ページ）**「３Ｄプリンター活用技術検定」**（29ページ）**「ＩｏＴ検定」**（29ページ）といった検定が続々と生まれています。こうした資格を誰よりも早く取得すれば、その分野の第一人者として活躍することも可能です。

ちょっと前の話ですが、マイナンバー制度の導入にあたっていち早く「**マイナンバー実務検定**」を受けた社労士が、企業のマイナンバー対応に関するセミナー等でひっぱりだこになった、という事例もありました。

ちなみにこうした資格は、できた直後の、歴史が浅いうちに取るのがお勧めです。周りに先駆けて取ることで希少価値が生まれますし、スタートした直後の資格や検定は、その知名度・認知度を高めるために、最初のうちは間口を広げる（取得難易度を低めにする）方針を取ることが多いからです。詳しく学んでみたいという分野があったら、それについての資格・検定が存在していないか、早めに調べてみましょう。

シニア層にぜひ知ってほしい「資格のコミュニティ効果」

私は資格を取ることの効能には大きく6つあると考えています。

一つは「法的効果」。これは、取得することによって法的な地位や権利が与えられるというもの。つまり、弁護士や医者など「この資格を持っていないとこの仕事ができない」

7 「ものづくりの革命」の波に乗ろう

3Dプリンター活用技術検定

難易度

ふつう

タイプ　スキルアップ

時　期　年2回（2月、9月）

ものづくりに革命を起こしたと言われる3Dプリンター。それを体系的に学び、使いこなすために必要な知識を問う検定。試験内容は造形方法や材料についての知識、CADデータの取り扱いなど。2017年にスタートした新しい検定。

8 2016年誕生の新しい資格

IoT検定

難易度

ふつう

タイプ　スキルアップ

時　期　随時

「すべてのモノをインターネットにつなぐ」IoT（Internet of Things）の技術やマーケットについて全般的に学び、IoTの企画や開発、活用に必要な知識を身につけることを目指す検定。2016年から実施されており、一般（ユーザー）向けとプロ向けがある。

ような資格を指します。

二つ目が、「シグナリング効果」。仕事に絶対必要というわけではないけれど、あれば信頼度が高まる、いわば「箔づけ」のための資格。たとえばコンサルティング業に資格は不要ですが、中小企業診断士の資格を持っていればぐっと信頼度が高まります。

そして、「学び効果」。取った資格そのものが役立つというより、資格取得のための勉強の過程で有用な知識やノウハウが身につくという効果です。先ほど紹介したような、「新たなことを学ぶために資格を活用する」というのが、これに当たるでしょう。

さらに「コミュニティ効果」。資格を取ることで質の高い人脈が広がる、共通の趣味や得意分野を持つ人とのつながりができる、といった効果です。士業の資格を取れば士業のコミュニティに入ることができるし、趣味の検定を目指す人同士のつながりもここに含まれます。

私は特に定年前後に資格の取得を考えている人にとって、「コミュニティ効果」は大きいと考えています。会社を定年退職すると急に人との接点がなくなり、誰とも会わずに日々を過ごす人が多いと聞きます。そんな人が趣味のコミュニティを築くのに、資格は最適だと言えるでしょう。

その他の二つは、「精神衛生効果」と「経済的効果」。精神衛生効果とは、資格を持っていることで自信がついたり、精神の安定が得られるという効果。そして経済的効果とは、それを取ることがストレートに金銭的なメリットになるもの。それほど数は多くありませんが、ご当地検定の中には、合格者は地域の施設等の入場料が割引になるなどの特典がつくものがあります。

これらの効能を鑑《かんが》みて、一つでもメリットとして想定できれば、資格取得を目指してみる価値はあるのではないかと思います。

以下、キャリアや専門分野別に、お勧めの資格を紹介していきたいと思います。

「将来は経営陣として活躍したい」人が取るべき資格3

経営幹部層への出世を目指すなら、経営戦略論・組織論・マーケティング・経営分析など幅広い分野を学んでおきたいところ。それを資格取得でアピールできればなお良い。最初からあらゆるジャンルを学ぼうとするのは大変なので、まずは興味がある分野や、実務に活かせる分野から学んでみるのがいいでしょう。

経営系の資格として評価が高いのは、なんといっても**「中小企業診断士」**（19ページ）。経営学をはじめとして経済学・会計・経営法務・情報システムといった多くの科目をパスしなければならない難関の国家資格ですが、企業経営の幅広い知識が身につき、世間一般の評価も高い資格であるため、数年かけてでも狙う価値があります。

また、**「経営学検定（マネジメント検定）」**（33ページ）は、試験範囲の大部分が中小企業診断士と近い内容であるため、中小企業診断士取得へのステップに活用する手もあります。経営戦略・組織論など、経営学に関する総合的な知識が問われます。

「リテールマーケティング（販売士）検定」（33ページ）は小売業向けの資格ですが、店舗運営・マーケティング・経営管理などマネジメント関連の内容を扱うため、経営を学ぶ手段として有用です。日本商工会議所主催の検定なので、知名度や小売業界内での評価も高いのがメリットです。経営の事例研究にも役立ちます。

9 経営学について幅広く知っておきたいなら

経営学検定（マネジメント検定）

難易度 ふつう

タイプ スキルアップ
時期 年2回（6月、12月）

経営戦略・組織論など、経営学に関する総合的な知識が問われる検定。初級、中級、上級の3つのレベルがあり、中級は中小企業診断士の第1次試験の内容に近いので、「中小企業診断士試験はハードルが高い」という人が最初のステップとして活用する手もある。

10 流通・小売業界以外の人にもお勧め

リテールマーケティング（販売士）検定

難易度 ふつう

タイプ スキルアップ、キャリアアップ
時期 年2回（2月、7月）

流通・小売業向けの資格だが、店舗運営・マーケティング・経営管理などマネジメント関連の内容を扱うため、他業界の人が経営を学ぶための手段としても有用。「日商簿記」の日本商工会議所主催の検定なので、知名度や小売業界内での評価も高い。

「数字に強くなりたい」人が取るべき資格3

先ほども述べましたが、「会計力」はビジネスパーソンの必須スキル。企業の目的は利益を上げることですが、会計の知識があって初めて、会社の現状や課題を読み解き、どうやったら利益を上げることができるかが理解できるからです。

競合他社や取引先の財務状況を把握して戦略を練る、事業の採算性を見極めるなど、経理職以外の社員にとっても、使える場面は無数にあります。

会計系の資格の代表と言えば、なんといっても日本商工会議所が主催する**「日商簿記」（81ページ）**。知名度やネームバリューは抜群なので取っておいて損はない資格です。3級から1級までありますが、経理のスペシャリストを目指すわけでもないなら2級で十分でしょう。

同様に、代表的な会計の資格として、全国経理教育協会が主催する**「簿記能力検定」（35ページ）**があります。内容、構成などは日商簿記と基本的に同じ。上級と3つの級が

11 日商簿記と並ぶ簿記検定の代表

簿記能力検定

難易度
ふつう

タイプ　スキルアップ、キャリアアップ
時　期　年4回(2月、5月、7月、11月)(上級は2月、7月)

全国経理教育協会が主催。内容、構成などは日商簿記と基本的に同じだが、本文にもあるようにレベルが1ランクずれているので注意。「上級」(日商簿記1級に相当)に合格すると、税理士試験の受験資格が与えられるのも日商簿記と同じ。

12 知識ゼロの人には日商簿記よりお勧め？

ビジネス会計検定

難易度
ふつう

タイプ　スキルアップ
時　期　年2回(3月、9月)(1級は3月)

大阪商工会議所が主催。財務諸表の作成スキルが問われる簿記検定に対して、こちらは財務諸表の分析の仕方が主眼となっている。会計知識に自信がない人が実践的・大局的に学ぶなら簿記検定より勉強しやすいとも言える。3級から1級の3レベル。

あり、全経上級が日商1級に、全経1級が日商2級に相当し、各級のレベルが日商簿記とは1ランクずれるので、目標設定時には注意しましょう。

会計知識ゼロの状態から実践的・大局的に学ぶなら、大阪商工会議所が主催する**「ビジネス会計検定」**（35ページ）もお勧めです。簿記検定は財務諸表の作成スキルを問われますが、こちらは財務諸表の分析の仕方が主眼となっています。

「法律知識でリスクヘッジ」をするための資格3

悪事や醜聞がネットで瞬時に拡散されてしまう現代。法務リテラシーやコンプライアンス意識を高め、権利侵害を未然に防ぐための知識は誰もが持っておかねばならない時代になっています。法務部門の人はもちろん、それ以外の人も学んでおくべき分野でしょう。

具体的なビジネスシーンに即した事例と絡めながら知識が身につくため、法律初心者にもお勧めなのが**「ビジネス実務法務検定」**（37ページ）。民法、商法を中心に、会社法、労働法、国際法務など、ビジネスに関わる法知識全般について学ぶことができます。

13 法律初心者はまずこれからスタート

ビジネス実務法務検定

難易度
ふつう

タイプ　スキルアップ

時　期　年２回（７月、12月）（１級は12月のみ）

民法、商法を中心に、会社法、労働法、国際法務など、ビジネスに関わる法知識全般について学べる。具体的なビジネス事例に照らし合わせながら法律トラブル対策が学べるため、法律初心者にお勧め。まずは比較的易しい３級を取得し、２級まで取得しておきたい。

14 あなたの会社がトラブルに巻き込まれる前に！

ビジネスコンプライアンス検定

難易度
ふつう

タイプ　スキルアップ

時　期　年２回（２月、８月）

不祥事により一瞬にして社会的信用を失う企業が続出する中、誰もが知っておくべきコンプライアンスに関する基本的な知識や考え方を問う検定。法務担当以外も知っておきたい知識だ。会社に関連する法律知識を幅広く学べるのも魅力。

一方、**「ビジネスコンプライアンス検定」**（37ページ）は、コンプライアンスに関する基本的な考え方に加えて、民法、会社法、知的財産法、独占禁止法、労働法などビジネスに関連する法律についても幅広く学べます。

２００８年に民間資格から国家資格へと格上げになったのが**「知的財産管理技能検定」（39ページ）**。著作権、特許権、意匠権、商標権など知的財産について幅広い知識が問われるもので、自社の知的財産を適切に管理、活用、運用するノウハウが身につきます。

悩める管理職が取得するべき資格3

管理職の人、あるいは管理職を目指す人が必ず身につけておきたいのが、「チーム力を高めるための知識」。たとえば「社員のメンタル管理」は今、どの会社でも大きな問題になっており、放置してしまってはチームが崩壊しかねません。

この分野での代表的な資格が、大阪商工会議所が主催する**「メンタルヘルス・マネジメント検定」（59ページ）**です。試験コースは一般社員向けのⅢ種（セルフケアコース）、管

15 法務担当以外が取っておいても損はない

知的財産管理技能検定

難易度

ふつう

タイプ キャリアアップ
時 期 年3回(3月、7月、11月)

2008年に民間資格から国家資格へと格上げになった資格。著作権、特許権、意匠権、商標権など知的財産について幅広い知識が問われる。自社の知的財産保護はもちろん、権利の活用法や海外展開する際の手続きなども学べるため、法務担当以外の人でも大いに活用できる。

16 「モチベーションのプロ」が開発した資格

公認モチベーション・マネジャー

難易度

ふつう

タイプ キャリアアップ
時 期 年2回

㈱リンクアンドモチベーションと東京未来大学が開発した、モチベーションに関する理論と実践スキルの両方を身につけられる検定。一般社員や学生向けの「Basic」と管理職向けの「Advanced」があり、チーム力向上にも自身のやる気UPにも役立つ内容。

理職向けのII種（ラインケアコース）、経営幹部向けのI種（マスターコース）の3種類。自分の職種やニーズに応じて選ぶといいでしょう。

一方、社員の「やる気」を引き出すことも同様に重要ですが、それに関して㈱リンクアンドモチベーションと東京未来大学が開発したのが、**「公認モチベーション・マネジャー」（39ページ）**です。モチベーションの専門スキルと実践スキルの両方が身につく資格で、「Basic」と管理職向けの「Advanced」があり、自身のモチベーションアップにも役立つ内容となっています。

メンタルの問題を深く理解するためには「心理学」の知識を身につけておくのも有効。**「ビジネス心理検定」（41ページ）**は出題範囲が大きく2種類に分けられており、このうち「マネジメント心理編」ではチームのモチベーション向上やリーダーシップなど、実務に有益なスキルが身につけられます。一方、「マーケティング心理編」では営業や広告宣伝に役立つ心理学ノウハウが学べ、これも別の意味で、現場で役立つ知識です。

こうしたメンタルや心理、モチベーションの分野は、近年研究が急速に進み、有用なノウハウがどんどん蓄積されつつあります。だいぶ昔に学んだことがあるという人もぜひ、

17 「心理」がわかれば、どんな仕事もうまくいく！

ビジネス心理検定

難易度

ふつう

タイプ スキルアップ

時　期 年２回（６月、12月）

職場のストレス対策やメンタルタフネスの理論など、幅広く学べる検定。「マーケティング心理編」では営業や広告宣伝に役立つ手法、「マネジメント心理編」ではチームのモチベーション向上やリーダーシップに有益な知識を身につけられる。実務に直結する検定。

18 持っていれば時給UPも

登録販売者

難易度

ふつう

タイプ キャリアアップ、転職

時　期 年１回（都道府県によって実施月が異なる）

本来、特定の医薬品販売には薬剤師の資格が必要だが、一定のカテゴリの一般用医薬品に限りこの資格で販売可能になる。ドラッグストアなどにおいて時給や手当で優遇されることも。試験は筆記で、医薬品や人体についての知識を問われる。

最新の知識を改めて勉強してみてほしいと思います。

「副業」で食べていきたい人が取るべき資格3

「副業」のタイプは3つにカテゴライズされます。本業の就業時間外に働く「アルバイト勤務系」、専門技能や資格を活かした「コツコツ内職系」、自宅サロンやネットショップのオーナーとなる「プチ独立開業系」。これらの副業に活かせる資格はいろいろありますが、この3つのタイプ別に一例をあげたいと思います。

「アルバイト勤務系」の副業を考えている人にお勧めしたいのが**「登録販売者」**（41ページ）。本来、特定の医薬品販売には薬剤師の資格が必要ですが、そのうち一定のカテゴリの医薬品に限りこの資格で販売可能になります。ドラッグストアなどにおいて時給や手当で優遇されるので、効率よく稼ぐことができます。このように、「持っていると時給が少し上がる」タイプの資格は他にもあるので、探してみるといいでしょう。

「コツコツ内職系」の副業にお勧めの資格の一つが**「賞状技法士」**（43ページ）。卒業証書

19 自宅でコツコツ働きたい人へ

賞状技法士

難易度
入門向け

タイプ スキルアップ、副業
時　期 随時（１級は11月）

卒業証書などの賞状や郵便物の宛名書き、各種礼状などを毛筆で美しく書く技能を認定するもので、空いた時間に自宅でできる技能系資格の一例。クラウドソーシング系のサイトに登録すれば、受注もスムーズ。きれいな字を書ける能力は当然、オフィスワークにも活かせる。

20 週末だけの「プチ独立開業」も可！

ネイリスト技能検定

難易度
ふつう

タイプ スキルアップ、副業
時　期 年4回（1月、4月、7月、10月）（1級は4月、10月）

ネイリストの正しい技術と知識の向上を目指すべく作られた検定で、20年以上の歴史を持つ。試験内容は筆記と実技。３級から１級があり、サロンで通用するのは２級以上。ネイリストは設備コストなども少なく、週末だけ「プチ独立開業」することも可能で始めやすい。

や宛名書き、各種礼状などを毛筆で美しく書く技能を認定するもので、空いた時間に自宅でコツコツ内職できる技能系資格の代表的なものの一つです。クラウドソーシング系のサイトに登録すれば、受注もスムーズです。

「プチ独立開業系」の副業を考えている人にとって、資格は必須というわけではありませんが、あれば信頼感はぐっと増します。たとえばネイリストなら、**「ネイリスト技能検定」（43ページ）**があります。自分の得意分野に関する資格がないかを調べてみましょう。

「社会人になってからの勉強」は意外とハマる！

学生時代に勉強が苦手だった人は、「今さら、また勉強なんて」と思うかもしれません。しかし、実際にやってみると、学校の勉強とはまったく違うことに気がつくはず。好きなこと、あるいは実務に直結することを勉強するので、高いモチベーションで学ぶことができ、その分吸収も速くなるからです。

業界によっては、特定の資格を取ることが義務化されていることがあります。そのために最初は気の進まないまま勉強を始めたら、「意外と面白い」となり、その後、資格取得が趣味になった人を何人も知っています。
「学校を卒業以来、何十年も試験勉強なんてしていない」という人もぜひ、気軽に始めてみてはいかがでしょうか。

鈴木秀明（すずき・ひであき）資格コンサルタント／All About「資格」ガイド
1981年、富山県生まれ。東京大学理学部卒業。東京大学公共政策大学院修了。これまでに取得した資格は、中小企業診断士、行政書士、気象予報士、証券アナリストなど約600。著書に、『10年後に生き残る最強の勉強術』（クロスメディア・パブリッシング）、『効率よく短期集中で覚えられる7日間勉強法』（ダイヤモンド社）など。

キャリアのプロに聞く！

人生100年時代の「資格の活かし方」

キャリアの道筋が多様化している現在、「資格を取り転職」「独立も視野に」と考える人も多い。だが、その前にしっかりとキャリアプランを描かねば資格がムダになりかねないと指摘するのは、産業カウンセラーのいぬかいはづき氏。若手、ミドル、定年前後と年代別の「資格の活かし方」をうかがった。

いぬかいはづき

キャリア・デベロップメント・アドバイザー／産業カウンセラー

ミドル以上も必須の「現代の読み書きそろばん」とは？

資格をどのようにキャリアに活かすかの考え方は、年代によって違ってきます。

まずはいわゆる新人、若手社員ですが、この時期に真っ先に身につけてほしいのは、ビジネスの基本的な能力、いわば、「現代の読み書きそろばん」です。これらのスキルはどんな分野でも役立ちますし、何より仕事が速くなる。こうした能力を取得するのに、資格を活用するのはとてもいい考えだと思います。

では、現代の読み書きそろばんとは何かといえば、「読む＝英語」「書く＝ＰＣスキル」「そろばん＝簿記」です。

英語は本来「読む・聞く・書く・話す」すべての能力を伸ばすことが求められますし、それが理想でもありますが、仕事の現場でまず求められるのは英文の資料や契約書などを「読む」ことです。せめてその能力だけは磨いておきたいところです。

そして、現代のオフィスにおいて、ほぼすべての書類はＰＣで作成されます。つまり

「書く＝ワードやエクセルを操る力」ということになり、この能力が高いかどうかで仕事の効率は大きく変わってきます。自己流で勉強するよりも、**「MOS（マイクロソフト オフィス スペシャリスト）」**（101ページ）などワードやエクセルに関する資格取得を目標にすることで、より効率的に学ぶことができるはずです。

さらに「そろばん＝簿記」の知識を持っていれば、「この人は会社のお金の流れを把握している」と判断され、経理職以外でも有利に。代表的な資格である**「日商簿記」**（81ページ）の3級、2級レベルの会計知識は、どんな業種・職種でも持っていて損はありません。

以上は、「新人にお勧めの資格」であるとともに、これらの能力が求められるのはミドルやシニアも同じこと。もし、自信がないようなら、今からでも遅くはないので、資格取得を通じてこれらの学び直しをしていただきたいと思います。

「取っただけで一生安泰」な資格は存在するのか？

一方、若手およびミドルの人にとって気になるのは「転職」や「副業」に役立つ資格ではないでしょうか。

今は働き方に多様なモデルが生まれている時代です。40代を過ぎてからの転職も一般的になってきていますし、働きながら副業をして稼ぐ、というスタイルも、多くの会社で認められるようになっています。

ただし、資格を持っているからといって転職や副業が必ずうまくいくという保証がないのも現実です。特に副業の場合、資格不要の業務が大半ですし、「この資格を取ったから副業がうまくいく」というものはそれほど多くありません。ネット環境さえ整っていれば、あとは個人の才覚や努力がものを言うブロガーやユーチューバーなどはその代表例です。

また、独立に関しても、「これを取れば絶対に独立し、成功できる」という資格は、士業含めもはや存在しないといっていいでしょう。独立を目指す人の代表的な資格である**「社会保険労務士（社労士）」**（77ページ）も、取ったからといってすぐに独立できるわけではありません。

巷では、例えば「『不動産鑑定士』は独立に有利」などという話が出回っていますが、国家資格で難易度が高いわりには、「有資格者しかできない」という独占業務がないため、これ一つでビジネスとして成功するのは狭き門。逆に、不動産業界にいる人が**「宅地建物取引士（宅建士）」**（73ページ）や**「管理業務主任者」**などと組み合わせれば活きてくるでしょう。

理想と現状のギャップを「資格」で埋める

独立をするかしないかも含め、まず考えてほしいのが「自分はどのようなキャリアを目指すのか」というキャリアゴールです。そして、それを目指すためには何を伸ばし、どんな不足を埋める必要があるのか。そのために資格が役立つのなら、それを取得する。これが基本的なスタンスです。例えば、社内で具体的に目指したいポジションがあれば、そこに就いている人たちが持っている資格やスキルを身につけるのが早道。資格とはいわば、「理想と現状の間のギャップを埋めるツール」なのです。

資格選びに迷ったときは、ある程度の仕事経験がある方なら、まずは、自分のキャリアを客観的に証明できる資格を取ることをお勧めします。「どんな資格を加えたら、自身の能力の証明ができるか」を考えるのです。

たとえば人事マネジメント関連の仕事をしてきたのであれば、国家資格の**「キャリアコンサルタント」（55ページ）**の資格。企業の経営に携わってきたのであれば、**「中小企業診断士」（19ページ）**や財務関係の資格、ＭＢＡなど。これまでのキャリアとの関連度の高いものを選ぶことが大事です。

加えて、「その経験（資格）にプラスすることで強みになる資格」は何かを考えることも重要となります。

たとえば、営業力だけでなく「数字にも強い」ことを証明するために簿記の資格を取ったり、経営知識をアピールするために「中小企業診断士」を取ったり、シニアだけれどＰＣスキルが高いことを示すためにＩＴ系の資格を取得したり、ということです。

特にこの考え方は、転職の際に重要です。若いうちは、「私ができることを御社が見つけてください」というスタンスでもある程度通用しますが、一定の年齢以上になると、「私は御社でこういうことができます」とアピールできなくてはなりません。そして、その発言に説得力がないなぁと思ったら、それを補強するために資格を取るのです。

履歴書に書いて「おっ」と思ってもらえる資格とは？

ちなみに、資格を履歴書に記入するときや面接でアピールする際には工夫が必要です。先述したように「キャリアを裏づける資格」であることは大前提ですが、他にもポイントが二つあります。

一つは、なるべく歴史があり知名度が高い資格を選ぶこと。面接官が資格欄を見たとき、その内容が把握できる資格でないと、評価の対象にはならないでしょう。同じ分野で複数の資格がある場合は、転職サイトなどを参考に、企業ニーズや知名度を調べてから取得しましょう。

二つ目に、履歴書にはＰＲ効果が期待できる最低レベル以上の資格を記入すること。一般的に「役立つ資格」と呼ばれていても、レベルによってはほとんど効果が期待できないことがあります。たとえば英検であれば準１級以上、ＴＯＥＩＣであれば６００点以上、日商簿記であれば３級（経理職なら２級）以上が、資格によるＰＲ効果を狙える最低ラインと言われています。

「持っている資格の分野がバラバラで一貫性がない」という人もいるかもしれません。その場合は、「なんのためにその資格を取ったのか」という理由を自身の中で明確にしておき、ストーリー立てて説明できるようにしておきましょう。

たとえば、「必須ではないが、持っていれば業務上その知識が役立つと思った」ことが取得理由であれば、業務に必要な知識やスキルを積極的に身につけてきた実績となります。経験だけにあぐらをかかず、常に自己研鑽してきたと評価されるのです。

むしろ、履歴書に書かないほうがいい資格もある！

別の業種や異なる職種への転職の場合、逆に履歴書には資格について書かないほうがいい場合もあります。例えば「今まで経理職でやってきたけれど、これからは英語を使った仕事をしたい」などという場合です。会計系資格を履歴書に書くと、相手企業は「やはり経理職で採用したい」と思ってしまうかもしれません。

逆に、転職先で必要となる資格を把握しておけば、まだ合格していなくても「資格取得のために勉強中」と書くことがPRにつながることもあります。「○月までに○○の試験の合格を目指して勉強中」など、具体的な期限も記入しましょう。

独立前に「副業」しよう

ここまで転職の話をしてきましたが、今はリスクマネジメントの観点からも、企業に属しつつ資格を取得し、勤務しながら資格を活かす働き方が主流です。

仕事の現場で活かせる資格は数多くあります。たとえばお金についての幅広い知識を持つ**「ファイナンシャル・プランナー（FP）」**（86ページ）や、労務関係のトラブルに強い**「社会保険労務士（社労士）」**（77ページ）などは、どの職場でも重宝される資格です。他にも、**「衛生管理者」**（55ページ）など、企業ごとに必置義務がある資格も重宝されます。

ただ、それでもいずれは資格を取って独立したい、という人もいると思います。そういう方にお勧めしたいのが、その前段階の「副業」として資格を活用する方法です。

21 「キャリアの多様化」時代に必須の資格

キャリアコンサルタント

難易度 ふつう

タイプ キャリアアップ
時期 年４回（2月、５月、８月、11月）

キャリアについての相談に乗り、助言や指導を行なう「キャリアコンサルタント」は、国家資格であり、この試験に合格し、登録することで名乗ることができる。企業内で従業員へアドバイスを行なう他、行政や教育機関、人材系会社などで重宝される。

22 取っておけば「替えの利かない人」になれる!?

衛生管理者

難易度 ふつう

タイプ キャリアアップ
時期 月数回（地域による）

社員の健康管理や職場の安全衛生などに関する資格。常時50人以上の人が働く職場では、衛生管理者の資格を持つ人が１人はいなくてはならない。実務経験が必要で、誰でも取れる資格というわけではないが、取得要件を満たしているなら取っておいて損はない。

一例をあげると、私の仕事でもあるキャリアコンサルタント。キャリアコンサルタントは国家資格ですが、資格取得後に即、独立するのは現実的ではありません。ただ、仕事をしながら週末などを利用して経験を積む機会は意外に多くあります。たとえば、資格認定団体などが募集する、就職フェア会場内のカウンセリングブースでのボランティア。これは無償ですが、他にも講座の運営や通信講座の添削、試験監督といった金銭が発生する業務を任されるケースもあります。

こうした仕事を続ける中で人脈や経験を増やしていき、ある程度のめどが立った時点で独立をする、というわけです。

あるいは、社会保険労務士として独立したいなら、まずは企業で労務関係の仕事をしながら、副業的にウェブなどで労務管理についての情報発信をしたり、メール相談などを受けることからスタートする手があります。そうして経験を積み、ある程度の顧客をつかんでから独立すればいいのです。こうした独立の方法は、ファイナンシャル・プランナーなどにもお勧めです。

もちろん副業規定などに抵触しないよう注意する必要がありますが、より低いリスクでの独立が可能です。独立開業の方法も、以前とは違ってきているのです。

50歳、60歳からの資格取得……そのポイントとは？

最近は老後のことを考え、資格を取ろうと考えるシニア層の方も増えています。それは悪いことではありませんが、たとえば定年1、2年前に勉強をスタート、というのは少し遅すぎます。理想を言えば定年の5年、10年ほど前から準備をしておきたいところ。つまり、65歳定年なら50代のうちから考えておくべきですが、ともあれ1年でも2年でも前倒しで始めたほうがいいでしょう。

では、シニア層はどのような資格を取ればいいのか。

最初に考えるべきは、「定年で会社を辞める」のか、「定年後も再雇用で働く」のか。そのうえで、「今、シニアに求められるスキルとは何か」「逆に、欠けている（と思われている）スキルは何か？」を考えることがスタートとなります。そして、求められるものを補強し、足りないものを埋める。この考え方は、どの世代のキャリアプランを考えるうえでも重要です。

シニアの強みは何かと言えば、まずは何よりも「経験」でしょう。それが汎用性のあるものならベスト。代表的なものが「マネジメントスキル」です。今は若い人をまとめるスキルはもちろんですが、再雇用されたシニアをマネジメントするというニーズが急浮上しています。また、増加する外国人労働者をマネジメントした経験を持つ人は、それも売りになるでしょう。

部下のメンタル管理もマネジメントの一環としてみなされるため、**「メンタルヘルス・マネジメント検定」（59ページ）や「産業カウンセラー」（59ページ）**などの資格でアピールする手もあります。

「運動系の資格」を履歴書に書くべき理由

一方、シニアに「欠けている（と思われている）スキル」、言い換えれば、シニアを雇うに当たりネックになるものを埋めることも重要です。

23 今、注目される「職場のメンタル」のプロ

メンタルヘルス・マネジメント検定

難易度 ふつう

タイプ スキルアップ

時　期 年２回（３月、11月）

大阪商工会議所が主催。３つのコースがあり、Ⅲ種（セルフケアコース）は自身のモチベーション管理に、Ⅱ種（ラインケアコース）は管理職が部下やチームのモチベーション向上にと、多方面で役立つ。Ⅰ種（マスターコース）は人事や経営幹部向け。

24 職場のややこしい人間関係の悩みに

産業カウンセラー

難易度 難しい

タイプ スキルアップ

時　期 年１回（１月）

メンタルヘルスの専門家として、職場での人間関係の悩みやストレスを抱える人の心のケア、及びカウンセリングに当たる。大学院で心理学等の専攻を修了した人を除き、受験には講座を修了する必要がある。上級資格である「シニア産業カウンセラー」資格もある。

その代表的なものが「健康・体力」でしょう。シニアは体力がないので長時間労働に耐えられないのではないか、現場での作業に身体がもたないのではないか。そう思われがちです。ある人材会社の調査でも、シニアの再雇用に当たっての一番の不安は「体力」だという結果が出たそうです。

それに対して、たとえば**「水泳指導者」**（61ページ）**「健康管理士」**（61ページ）の資格などを持っている人なら、それを履歴書に書き込んでおけば「この人、元気そうだな」とか「健康管理に気を使っているな」と思ってもらえる可能性があります。

また、仕事にはメンタルの強さも求められますが、前述の**「メンタルヘルス・マネジメント検定」**（59ページ）はセルフケアについても扱っているので、心理面でのタフさもアピールすることができます。

「若い人とうまくやれるおじさん」にニーズあり！

今、スタートアップ企業にてシニア人材のニーズが高まっています。最初は若者だけで

25 スポーツ系の資格で「健康」をアピール

水泳指導者資格

難易度

かんたん
（講座のみ）

タイプ　趣味、転職

時　期　随時

基礎資格である「基礎水泳指導員」は、日本水泳連盟によるカリキュラムを受講することで取得可能。各都道府県の水泳連盟で取得できる。日本体育協会が公認するスポーツ指導者の資格には、水泳以外にも「陸上」「サッカー」「スキー」など、主要な競技はほとんど揃っている。

26 「健康に詳しい人」というイメージが得られる

健康管理士

難易度

ふつう

タイプ　キャリアアップ、転職

時　期　年20回程度

「予防医学」「健康管理」のスペシャリスト「健康管理士」を認定する資格。日本成人病予防協会が主催。企業や団体、医療機関などでのアドバイス、健康指導などに活かせるとともに、自身の健康維持にも役立つ。一般指導員とその上の上級指導員がある。

勢いに任せてどんどん成長していったものが、ある程度の規模になると組織の仕組み作りやマネジメントの必要性が高まり、それができる人材がいないために伸び悩む、という事例が数多く生まれているからです。

こうした企業にはちゃんとした業務マニュアルが整備されていないことも多く、「大手企業でマニュアルを作った経験がある」程度でも重宝されます。あるいは、福利厚生制度なども遅れているので、大企業のそれを知っているというだけで価値が生まれます。

そこで重要になるのがコミュニケーション能力、より具体的には「若い人とうまくやれる能力」です。何しろ、こうした企業ではほとんどの場合「上司も部下も年下」ですから。

ここでアピールとなるのが、意外にも「趣味系の資格」です。趣味は年代を超えた話題作りに役立つのはもちろん、「さまざまな趣味を持つ人＝柔軟な人」というイメージを与え、この人なら組織にすぐに溶け込んでくれそうだという印象を与えることができるのです。**「東京シティガイド検定」**（119ページ）や**「京都・観光文化検定」**（119ページ）などのご当地検定、**「世界遺産検定」**（126ページ）などの人気検定はもちろん、実際に温泉旅行ツアーに参加して取得する**「温泉ソムリエ」**（126ページ）などのユニークな資格は面接での話題提供にもなるでしょう。

「ドローン検定（無人航空従事者）」（23ページ）など最近できた新しい資格や、IT系の資格なども「新しいことを学ぶ意欲がある人」ということで、肯定的に受け止められる可能性が高いでしょう。

そして、趣味系の資格を取ろうとスクールに通うと、教えてくれる講師はほとんどの場合、シニアにとっては年下。年下の人からモノを学ぶという経験は非常に重要です。「若い人からモノを教わることが得意です」というのは、立派なスキルと言えるでしょう。

シニアであることを活かせる職業って？

一方、「会社を辞める」という選択肢を選ぶ人の場合、「定年後に独立してコンサルタントに」というキャリアを考える人も多いと思います。それなりの金額を稼ごうとすると大変ですが、「年金もあるのでそれほど稼ぐ必要はない」「そろそろ雇われるより自由に仕事をしたい」という方にはお勧めできます。

実はコンサルタントやカウンセラーというのは、数少ない「年齢が高いことが強みになる」職業の一つ。見た目の信頼感もありますし、相手が同じくシニア層だと、若いコンサルタントより同年代か年上の人のほうが説得力があるのは当然と言えば当然です。私もキャリアカウンセラーを長年やっていて、若いことがマイナスになると痛感したことが何度もありました。

では、そのために求められるスキルは何か。専門性はもちろん大事ですが、意外と重要なのが「相談相手になるスキル」です。いくら経験を伝えると言っても、「説教くさい」人は敬遠されます。資格ではありませんが「コーチング」を学んだり、**「産業カウンセラー」（59ページ）**の資格などを取得しておけば、相談しやすい人というアピールになるでしょう。

60代からでも語学を学んでおくべき理由

「老後はお金ではない」という人にとって魅力的なのが、社会貢献を仕事にするという選択肢。たとえば、「ご当地ガイド」をはじめ、各自治体ではシニアのサポートを求めているところが数多くあります。そろそろ下火ですが、2020年のオリンピックに関連した仕事も話題になりました。

ここで重要になるのは「語学」です。ブロークンでもコミュニケーションが取れることが大事。やはり英語が中心ですが、次点として中国語も重要性が高まっています。

シニアの語学の場合、若手やミドルと違い、必ずしもTOEICなどで高い点数を取ることを目的とする必要はないかもしれません。これまでの海外経験も含め、「外国人とのコミュニケーションに苦手意識がない」ことをアピールするだけでも十分でしょう。

実は「PCで資料が作れる」はすごいスキル？

ぜひ、覚えておいていただきたいのは「デメリットは、ひっくり返せば大きなメリットになる」ということ。若い人がIT系の資格やPCスキルの資格を持っていてもそれほど評価されませんが、年齢が高い人がそれらを取得すると、それだけでインパクトがあるのです。

ＩＴやＰＣ関連は若手の独壇場と思われるかもしれませんが、実は意外とここに、スキルを持つシニアのニーズが眠っています。

というのは、今の若手はいわゆる「スマホ世代」。ワードやエクセルはおろか、文字入力はすべてスマホなので、ＰＣでのキーボード操作に慣れていない人も数多くいます。

つまり、ワードやエクセルを使った作業では、意外とミドルやシニアのほうが即戦力になることも。パワーポイントで資料を作れることが、実はすごい能力として認められる可能性があるのです。「ＭＯＳ（マイクロソフト オフィス スペシャリスト）」（101ページ）などの資格で、そうした能力をアピールするのもいいでしょう。

「スクール」で人脈を手に入れよう

資格取得のための勉強は独学でもいいのですが、私はぜひ、スクールを検討してもらいたいと思っています。

効率的な勉強方法を知る、あるいはモチベーション維持に役立つ、ということはもちろんですが、見逃せないのが「人脈」の構築です。

スクールには、さまざまな年齢、幅広い企業から多くの人が集まってきています。こうした人脈は、一つの会社内ではなかなか得られないもの。また、わざわざ勉強しようと集まってきた人たちですから向学心も強く、会社から派遣されたエリートもいます。あえて働きながら通う人の多いスクールを選ぶのも手でしょう。

経営学修士、いわゆる「ＭＢＡ」に関しても、実は授業内容よりもそこでできた人脈こそが重要、とはよく聞く話です。ＭＢＡに通うのは時間的にも金銭的にも負担が大きいですが、同様のことが資格スクールでも可能。そこで生まれた人脈から転職の機会が得られたりすることも多いようです。

どのようなキャリアを目指すにしても、ぜひ、これまでの「キャリアの棚卸し」をしていただきたいと思います。これまでの仕事人生を振り返ってみることで、今まで見えていなかった意外な強みが見つかるもの。

たとえば、海外の工場へ技術指導に行ったことがあるなら、それは十分に「外国人マネジメント」の経験と言えます。

そうしたキャリアを資格で補強することで、思いどおりのキャリアを築いていっていただきたいと思います。

いぬかいはづき　キャリア・デベロップメント・アドバイザー／産業カウンセラー
1967年、東京都生まれ。All About「仕事に活かせる資格」ガイド。CDA（キャリア・デベロップメント・アドバイザー）、産業カウンセラー、心理相談員としてキャリアカウンセリングに従事した経験を活かし、キャリアプランニングに役立つ視点や情報を発信している。

第 2 章

注目の資格はどれ?
【ジャンル別】資格ガイド

第2章では、法律、会計など、ジャンル別にお勧めの資格を見ていきたい。

働きながら、あるいは経験がなくても取得できる資格にはどのようなものがあるのか。そして、どの資格が、どんな理由でお勧めなのか。各専門家にうかがった。

また、最近増加している「ユニーク検定」についても紹介。仕事だけでなく、人生の幅を広げるためにも活用していただきたい。

「法律系資格」編

独立は本当に難しい？キャリアに活かせる資格とは？

数ある資格の中でも花形といえるのが、弁護士・司法書士・社労士といった法律系の国家資格。難関とはいえ、「一念発起してキャリアチェンジを！」と考える人もいるだろう。実際、それは可能なのか。自身も社労士や行政書士など数々の資格を持ち、法律系資格についての著書も多い近江直樹氏に聞いた。

近江直樹
フリーライター／
社労士過去問ゼミ近江塾主宰

転職に役立つ「唯一」の法律系資格とは？

キャリアアップやキャリアチェンジを目指して、司法書士や行政書士、社会保険労務士（社労士）といった法律系の国家資格への挑戦を考えている人もいるでしょう。

これらの資格の多くは、一般企業への転職よりも、独立開業に向いています。

確かに、履歴書にこれらの国家資格が書ければ、求人側の評価は高くなります。ただ、企業が中途採用者に求めるのは、資格よりも実務経験です。

たとえば、これまで労務畑で働いてきた人が社労士の資格も持っていれば、高く評価されます。しかし、社労士の資格は持っていても、労務関係の仕事をしたことがないという人は、評価されません。ですから、現職についての専門性を深めるためでなければ、法律系の資格でのキャリアアップは「独立開業」ということになります。

ただし、唯一といってもいい、転職に役立つ法律系の資格があります。それが、**「宅地建物取引士（宅建士）」**（73ページ）です（宅建士で独立開業する人は、ほぼ皆無です）。

不動産会社では、事業所ごとに、従業員5人につき宅建士1人を雇うことが義務づけられています。ですから、常に宅建士を求めているのです。

また、不動産の知識を活かせる建設業界や金融機関の融資部門への転職などでも有利になります。

独立・開業を考えている人は「人間関係力」を磨きなさい

法律系の国家資格では、難関資格ほど、独立開業後の高年収が期待できます。

最難関の資格は「**弁護士（司法試験）**」（73ページ）。最近、過当競争によって、弁護士も仕事がなくなっているといわれてはいますが、それでも、独立開業者の平均年収は1000万円を優に超えています（経費控除後の所得はさまざまです）。

ただし、司法試験の合格者は、ほぼ全員が専業受験生です。社会人が働きながら、司法試験予備試験経由で司法試験に合格することは、かなり難しい。また、法科大学院に通うためには、通常、仕事をやめる必要があります。

27 比較的取りやすく、役に立つ人気資格

宅地建物取引士（宅建士）

難易度

ふつう

タイプ　キャリアアップ、転職

時　期　年１回（10月）

不動産の売買や賃貸などの取引の際、買主や借主が正しく判断できるように重要事項を説明する資格。不動産会社は従業員５人につき1人は宅建士を置かねばならないので、ニーズは高い。転職にも役立つ。誰でも受験可能で、独学での合格も可能な人気資格。

28 独学で、かつ30代以降で目指すのは困難

弁護士（司法試験）

難易度

非常に難しい

タイプ　転職、独立

時　期　年１回（５月）

言わずと知れた法律系資格の最高峰の１つ。基本的には独立ニーズだが、大企業の法務部門でスペシャリストを目指す人が取得する例もある。法科大学院を卒業するか、あるいは司法試験予備試験に合格すると受験資格が得られる。独学で合格するのは困難。

さらに、司法試験に合格し、司法修習を修了しても、弁護士事務所に採用される保証はありませんから、30代以降での司法試験挑戦はリスクが高すぎます。

その他の国家資格は、働きながら取得することが可能です。

不動産登記や商業登記などの登記手続き、法務局や裁判所などに提出する書類の作成などを行なう**「司法書士」（75ページ）**は、合格後は司法書士事務所に就職して、数年ほど修業を積んでから独立するのが一般的です。

許認可の申請書類など、役所に提出する書類の作成などを行なう**「行政書士」（75ページ）**と、労務や社会保険業務の書類作成や手続きなどを行なう**「社会保険労務士（社労士）」（77ページ）**は、事務所の募集枠が限られているため、多くの人が修業先を見つけるのに苦労します。そのため、最初から独立する人も少なくありません。

その場合、地元のライオンズクラブや商工会議所での集まり、学校の同窓会や士業交流会などにこまめに顔を出して人脈を広げ、また、先輩の事務所を手伝いながら、仕事を獲得していくことになります。

いずれの資格についてもいえるのは、昔と違い、資格を取ったからといって、待ってい

29 ニーズは高いが、難易度も高い

司法書士

難易度

難しい

タイプ 転職、独立

時　期 年１回（７月）

不動産登記や商業登記などの登記手続き、法務局や裁判所などに提出する書類の作成などを行なう資格。司法書士事務所の求人ニーズは高く、転職にも使える。司法試験のような受験資格はなく、誰でも受けることが可能。ただし、独学での合格は簡単ではない。

30 「司法書士へのステップ」にもなる

行政書士

難易度

難しい

タイプ 転職、独立

時　期 年１回（11月）

許認可の申請書類など、役所に提出する書類の作成などを行なう資格。ニーズとしては司法書士のほうが高いが、司法書士を目指すステップとして行政書士を取る、という考え方も。とりあえず何か法律系の資格を取りたい、という人にもお勧め。誰でも受験可能。

れば仕事が飛び込んでくる時代ではないということです。士業としての独立開業・事務所経営は、競争の激化と標準的な報酬規定廃止後に進んだ報酬単価の低下によって、厳しさを増しています。

そういう意味で有利なのは、会社員時代に新規開拓に携わった経験がある営業職出身の人です。「会社の人間関係に疲れたから、資格を取って独立開業でもしようか」という人は、独立後も仕事を獲得するのが難しいでしょう。独立開業後は、会社員以上に人間関係が重要になります。

もっとも、士業での独立開業を起業として捉えれば、他業種に比べ有利なことは確かです。独立資金・仕入れ・設備投資などの経費が少ない上に、独占業務があり、開業当初から国家資格保有者（先生）として信用・信頼されるのですから。

通学か、それとも通信講座か？

司法試験はもちろん、司法書士、行政書士、社労士などの試験についても、多くの人は

31 **企業内でのスペシャリストの道も**

社会保険労務士（社労士）

難易度
難しい

タイプ キャリアアップ、独立
時　期 年1回（8月）

労務や社会保険業務の書類作成や手続きなどを行なう資格。独立も狙えるが、企業内で人事・総務部門のスペシャリストを目指す人が取るのもいい。「大学、短大、高専を卒業」「4年制大学で62単位以上取得」「行政書士となる資格を有する者」などの受験資格あり。

独学ではなく、学校に通ったり、通信講座を受講したりしながら勉強しています。

通学と通信のどちらを選ぶべきかは、個々人の性格や置かれている環境によって違います。

通学のメリットは、同じ教室の中に一緒に学ぶ仲間がいること。彼らと知り合いになり、情報交換をしたり、励まし合ったりすることができます。

一方、通信のメリットは、時間や空間の制約を受けずに、自分のペースで勉強できること。最近は人気講師の授業がストリーミング配信されており、それを見ることで、通学するのと変わらない質の授業が受けられます。

また、通信専門の予備校の場合、教室などの設備が必要ないので、受講料が安く抑えられているのもメリットです。

ただし、周りに仲間がおらず、一人だけで勉強することになりますから、意志が強くないと長続きしません。もっとも、せっかく学校に通っても、仲間を作らずに、授業を聞いて帰るだけになりそうな人なら、通信で十分だともいえます。

両方のメリットとデメリットを天秤にかけて選んでください。

近江直樹（おうみ・なおき）フリーライター・社労士過去問ゼミ近江塾主宰

1964年、東京都生まれ。中央大学法学部卒。区役所職員、社会保険労務士・行政書士事務所 ポラリスコンサルティング所長を経て、現在、フリーライター。社会保険労務士、行政書士、宅建士、法学検定、ビジネス実務法務検定など、10以上の資格・検定を持つ。執筆の他、企画・編集・インタビューなど、幅広い出版活動を行なっている。著書に、『法律資格 最短・最速 攻略法〈入門編〉』（中央経済社）、『ケータイ社労士 Ⅰ・Ⅱ』（三省堂）など。

「会計系資格」編

仕事に活かすなら「日商簿記」、生活に活かすなら「FP」

社内でのキャリアアップにも、転職や独立にも役立つ「会計系の資格」だが、実際には簿記3級から公認会計士試験まで多くの種類がある。仕事をしながら取得でき、しかも役に立つ資格には、どのようなものがあるのか。公認会計士の資格を持ち、会計系の資格事情に詳しいよせだあつこ氏にうかがった。

よせだあつこ

公認会計士

「簿記3級」で会社の数字がわかるようになる！

会計系の資格といえば、まず思い浮かぶのが簿記でしょう。

簿記の資格にはいくつかの種類がありますが、最も一般的なものが、日本商工会議所が実施している**「日商簿記」（81ページ）**です。3級、2級、1級があり、「転職などで有利になるのは2級から」といわれています。経理畑の人が「2級は持っていないとね」などと言っているのを聞いたことがあるかもしれません。

そのため、いきなり2級にチャレンジする人もけっこういるのですが、これはお勧めできません。難しすぎて挫折する可能性が高いからです。

簿記や他の会計系資格に挑戦するなら、まずは日商簿記3級を取得することを強くお勧めします。3級なら、難易度がそれほど高くなく、多くの方は1カ月程度の勉強で取得できます。

そういうと、「そんな初歩的な資格を取る意味があるの？」と思われるかもしれませんが、

32 最もメジャーで影響力も大きい会計系資格

日商簿記

難易度

やさしい（3級）　ふつう（2級）　難しい（1級）

タイプ　スキルアップ、キャリアアップ

時　期　年3回（2月、6月、11月）（1級は6月、11月のみ）

最もメジャーな会計系の資格で、毎年40万人以上が受ける人気の資格。経理として働くならもちろん、どの職種の人が取っておいても損はない。

3級

商品を買ったり売ったりする取引を記録する「商業簿記」が試験範囲。勉強することで、損益計算書や貸借対照表の構造を理解したり、さまざまな費用の計算方法を学んだりすることができる。簿記を学んでみたい人の導入に最適。

2級

経理として働くなら必須。他の職種でも持っていると評価され、就職、転職に有利になることも。「商業簿記」に加えて、「工業簿記」も試験範囲に加わる。工業簿記とは、工場で使われる簿記のこと。材料を買ったり、賃金を払ったりしたときの記録の仕方が学べる。

1級

連結会計、減損会計、税効果会計など高度な問題も出題され、「会計学」「原価計算」も試験範囲に。難易度が高く、独学での合格はなかなか難しいが、大企業の経理担当者として活躍したいなら取得しておきたい。また、税理士試験の受験資格を得ることができる。

こう考えてください。

簿記というのは、経理の仕事をする人のためだけのものではありません。簿記やその考え方は、あらゆるビジネスで使われています。基本的なビジネススキルであり、ビジネスパーソンにとって必須の教養なのです。

例えば、管理職になれば常に損益のことを考えなければいけませんが、簿記を学ぶことで、損益の感覚が身につきます。

仕事で「損益分岐点」という言葉を使っていたり、日々、「在庫管理」の作業をしていたりしても、簿記を学ぶことで初めて、ビジネスの中でこうした言葉や行為が持つ本当の意味を理解できたという人は数多くいます。

簡単にいうと、簿記の基本を学ぶことは、自社のビジネスに対する理解が深まるということ。もちろん、顧客に対して話すときの説得力も変わってくるでしょう。

ですから、ビジネスの基礎教養を学ぶつもりで、まずは日商簿記3級に取り組みましょう。

テキストと問題集を1冊ずつ、計3000円ほどの出費で勉強を始められますし、独学

33 10年以上かけて取ってもいい珍しい仕組み

税理士

難易度

難しい

タイプ キャリアアップ、転職、独立

時　期 年１回（８月）

税務のスペシャリスト。企業内でのキャリアアップにも、独立・開業にも、税理士法人などへの転職にも役立つ。試験は簡単ではないが、何年かかっても、１つずつでも、５つの科目に合格すればよいという面白い仕組み。日商簿記1級合格者など、受験資格あり。

34 企業内スペシャリストも増えている

公認会計士

難易度

非常に難しい

タイプ キャリアアップ、独立

時　期 短答式・年２回（５月、12月）、論文式・年１回（８月）

言わずと知れた会計のスペシャリスト。独立・開業する人も多い一方、企業内で会計の専門家として働く人も。ただし、試験はかなり難しく、税理士のように１つ１つ合格していくこともできない（２年間は有効）。通信講座か専門学校の講義の受講は必須。

で十分合格を狙えるのも魅力です。

2級以上は覚悟を決めて挑戦を

3級を取得したあとは、その先に挑戦したくなりますが、2級からはかなり難しくなるので、本腰を入れて勉強する必要があります。合格できなければ、時間をムダにすることになりかねません。2級は最近、試験範囲の改定があり、以前より難しくなりました。そのぶん、実際の業務に即した内容になり、より仕事に役立つ資格になりました。

1級ともなると、2級までトントンと合格した人にも、軽々しくお勧めはできません。独学というわけにはいかず、通信や通学で授業を受けることも必須になります。

とはいえ、日商簿記1級、あるいは**「税理士」**（83ページ）**「公認会計士」**（83ページ）といった難関資格も、以前に比べれば、働きながら合格しやすくなったといわれています。本気で独立開業を目指す志があるなら、挑戦してみる価値はあるでしょう。

年金、税金、資産運用……。意外と役立つFPの資格

簿記とは別ジャンルでお勧めなのが、「ファイナンシャル・プランナー（FP）」（86ページ）の資格です。

こちらは「3級FP技能検定」を受験するか、「AFP認定研修（基本課程）」を受けるのが入り口です。

簿記の勉強が「複式簿記」という考え方を一から新たに学ぶものなのに対して、FPの勉強ではもっと身近な知識――年金、税金、不動産、相続、資産運用、保険といった、仕事や生活に密着したことを学んでいきます。

当然、「勉強したことが実際に役に立つ」という楽しさがありますし、出題の傾向も、「1ページ勉強したら、1問問題が解けるようになる」という感じなので、手応えを得やすい。このあたりも、基本的な考え方を身につけるまでに少し時間がかかる簿記とは対象的です。

35 仕事にも生活にも役立つ！「お金のプロ」の知識

ファイナンシャル・プランナー（ＦＰ）

難易度
級による

タイプ　スキルアップ、キャリアアップ、独立
時　期　FP技能検定・年３回、AFP・年３回、CFP・年２回

「ファイナンシャル・プランニング技能検定」（3級から１級）と、「AFP資格」「CFP資格」の試験とに分かれる。AFPは日本ＦＰ協会が認定する民間資格。CFPは世界24カ国・地域で認定されている国際的な資格だ。

3級FP技能士

実務経験がない場合、この３級からスタートすることになる。出題範囲は年金、税金、不動産、相続、資産運用、保険など、個人のライフプランニングに関わるさまざまな内容。難易度はそれほどではなく、独学で合格できる。学習期間は１～３カ月程度。

2級FP技能士

受験資格は「３級ＦＰ技能検定の合格者」「ＦＰ業務に関し２年以上の実務経験を有する者」「日本ＦＰ協会が認定するAFP認定研修を修了した者」。学科試験は独学で合格できるが、実技試験は、銀行や保険の業務に就いたことがなければ、専門学校の検討も。

1級FP技能士

技能士試験の最高ランク。「２級ＦＰ技能検定合格者で、ＦＰ業務に関し１年以上の実務経験を有する者」「ＦＰ業務に関し5年以上の実務経験を有する者」などの受験資格があるうえ、試験の難易度も高い。独学ではなかなか難しい。

AFP

基本ルートは、「AFP認定研修（基本課程）」を修了し、2級FP技能検定に合格したあと、所定の手続きを経てAFP認定を受ける。2級FP技能士と同等の位置づけだが、2年ごとに継続教育を受ける必要があるため、最新の知識を身につけていることが示せる。

CFP

独学で合格できないことはないが、難易度は高い。学習期間は1年程度以上。CFP試験に合格するだけでなく、「CFPエントリー研修」を受講して、「通算実務経験3年」という要件を満たすことによって、CFP認定を受けられる。

会計系の資格取得のステップ

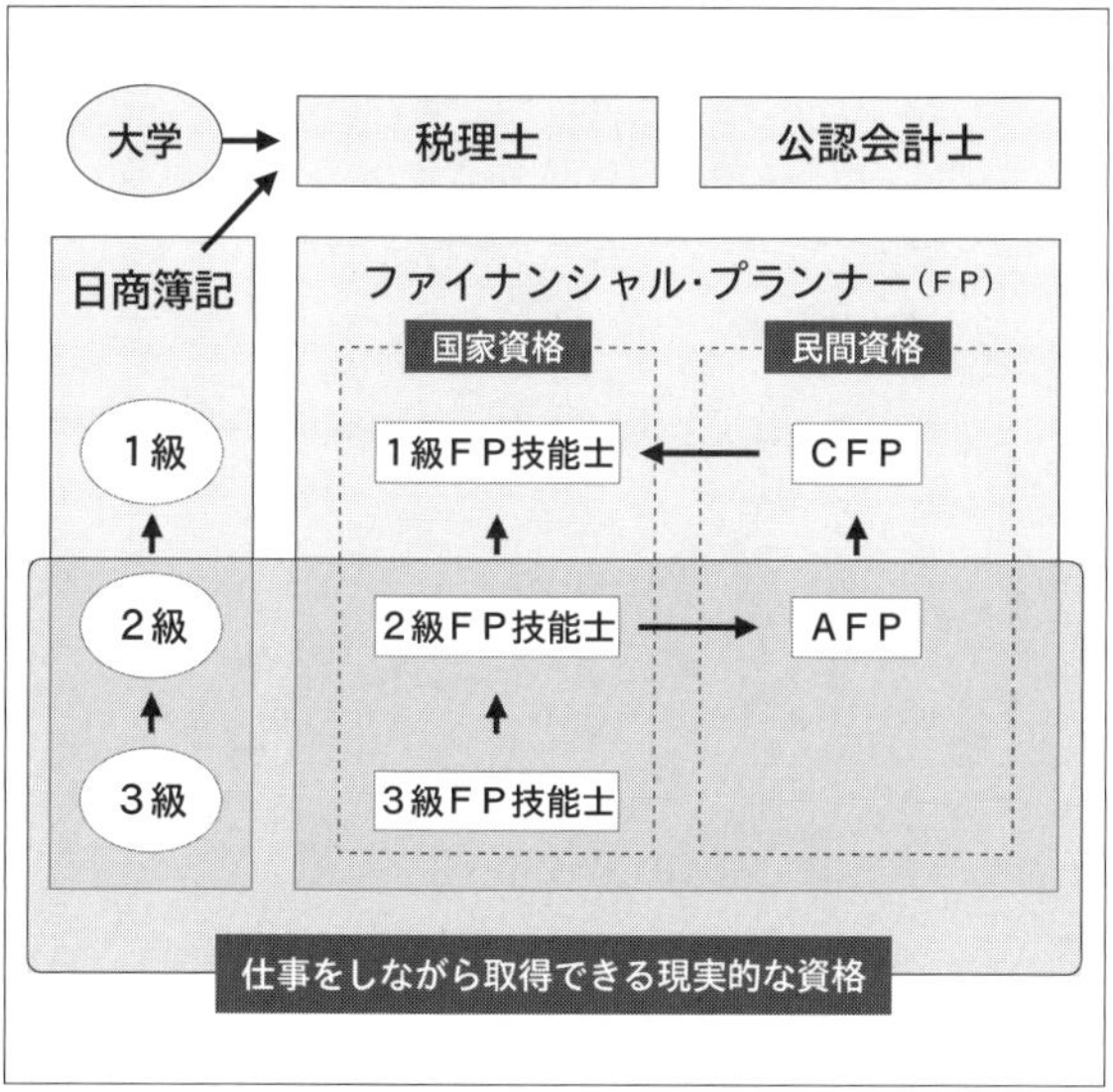

こうした意味で、ＦＰはとっつきやすい資格だといえるでしょう。「ちょっと時間があるので、何か勉強してみたい」「学生時代以来の試験勉強だから、カンを取り戻したい」という人の第一歩に最適です。簿記の勉強を始めたものの、向いていないと感じた人にもお勧めできます。

テキスト選び、試験対策のポイントとは？

どの資格に挑戦するにしても、勉強法に関して忘れてはいけないのは、きちんと問題を解く練習をすること。

テキストを読んでなんとなくわかった気になったけれど、実際の試験では通用しなかった、ということはよくあります。とくに、簿記の試験はマークシートではなく記述式ですから、自分の手で書く勉強が重要です。

テキストは、書店で何種類かを手に取ってみて、自分に合ったものを選びましょう。イラストを多用した説明がわかりやすい人もいれば、言葉で論理的に説明されるほうがわかりやすい人もいます。
また、日商簿記3級のように独学で合格する人が多い試験でも、独学に向いていない人は学校を利用するべきです。行き詰まったときには無理をせず、「わからないことを質問できる環境」に移ることを検討してください。

よせだあつこ 公認会計士
監査法人トーマツを経て、willsi(株)を設立。同社取締役。著書に『簿記教科書 パブロフ流でみんな合格 日商簿記3級 テキスト&問題集 第3版』(翔泳社)、『会計資格 最短・最速 攻略法』(中央経済社)などがある。簿記ブログ「パブロフ簿記」が月間130万プレビュー超、簿記学習アプリ「パブロフ簿記」がシリーズ累計30万ダウンロードの大ヒットとなるなど、簿記受験生から絶大な支持を得ている。

「ＩＴ系資格」編

「ＩＴパスポート」から始めてキャリアアップを図ろう

「ＩＴ系の資格は役に立ちそうだけど、まったくの門外漢だから……」。そう思っている人もいるだろう。ただ、文系やＩＴ初心者でも、ＩＴ系の資格を取ってキャリアアップすることは可能だと、大学講師・ＩＴインストラクターとして活躍する滝口直樹氏は指摘する。その具体的な方法と「取るべき資格」とは？

滝口直樹

ITインストラクター／明治大学兼任講師

目指すのは「エンジニアとわたりあえる」知識の習得

ＩＴ系の資格はエンジニア系の人が取るべきだと考える人が多いかと思いますが、必ずしもそうとは限りません。むしろ私は、それ以外の人たちこそ、ＩＴ系の資格が活かせると考えています。

今や、会社の仕事は「システム」を中心に動いています。営業担当者は営業のシステムを、経理担当者は経理のシステムを利用しなければ、仕事ができません。システムによって、仕事のやり方が決められているといっても過言ではないでしょう。

そのシステムを作っているのは、ＳＥやプログラマといったエンジニアです。しかし、エンジニアだけでは、システムを作ることはできません。彼らはＩＴの専門家であって、それぞれの業務のプロではないからです。つまり、システムのユーザーである営業担当者や経理担当者に、どんなシステムを作るべきかを教えてもらう必要があります。

そこでカギになるのが、ユーザー側の立場でエンジニアと話ができる人材です。言い方を変えると「技術者とわたりあえる知識を持つ人」。そうした人材は、社内のシステム開発の旗振り役になれます。

システム開発の旗振り役になるということは、仕事のやり方や流れを自分がまとめて方向づけるということ。業務に最も詳しく頼られる人材になれるということです。

ＩＴ系資格取得の「4つのステップ」とは？

そこに至るための第一歩として取得しておきたいのが**「ＩＴパスポート」（93ページ）**です。ＩＰＡが主催するもので、ＩＴ初心者でも、半年ほど勉強すれば合格できるでしょう。

このＩＴパスポートは「ストラテジ系」「マネジメント系」「テクノロジ系」の3つの分野が出題範囲とされているのですが、このうち「ストラテジ系」はいわゆる経営戦略の話であり、「マネジメント系」はプロジェクトマネジメントの話です。こうしたジャンルに興味を持っている人ならすでに知っていることも多いはずで、純粋にＩＴ系の知識を求められるのは「テクノロジ系」だけ。その分、合格しやすいのです。

36 まさに「IT界へのパスポート」

ITパスポート

難易度

かんたん

タイプ スキルアップ

時　期 随時

IPA（情報処理推進機構）が主催。初心者でも半年勉強すれば合格できる。出題範囲は、経営戦略などの「ストラテジ系」、プロジェクトマネジメントなどの「マネジメント系」、そして「テクノロジ系」の3分野。ITスキル習得のスタートとしてお勧めの資格。

37 エンジニアを目指す人の登竜門

基本情報技術者

難易度

ふつう

タイプ スキルアップ、キャリアアップ

時　期 年2回（4月、10月）

ITパスポートと同様に、IPAが主催する試験。高度IT人材となるために必要な基本的知識・技能を持つことを目的とし、プログラムの設計、開発に関する知識と技術を問うもので、ITエンジニアの入り口となる資格。約半年の勉強が必要。

ＩＴパスポートの資格は初歩の初歩だとバカにされることも多いようですが、ＩＴ知識取得のスタートとして非常にお勧めできる資格です。半年ほどの勉強で合格が可能ですし、ストラテジやマネジメントの知識がある人なら、2〜3カ月でも十分可能でしょう。

ちなみに、私はＩＴ系の資格のステップアップについて、95ページの図のような4つのステップを考えています。このうち**「基本情報技術者」（93ページ）**は、どちらかといえばエンジニア系の人が目指すべき分野です。たとえば、エンジニアとして働きたいという人が就職活動をするに当たっては、この資格がないと話になりません。

一方、そうではない人は、**「情報セキュリティマネジメント」（95ページ）**のほうが役立つと言えるでしょう。この資格は昨今の情報流出などの事件を受けて作られた比較的新しい資格で、システム運用において必要とされるセキュリティの知識を認定するものです。

あなたは「ＳＥとプログラマの違い」がわかりますか？

その上のステップ3**「応用情報技術者」（97ページ）**の試験は、システム開発のための

38 エンジニア以外も知っておかないと危ない!?

情報セキュリティマネジメント

難易度

かんたん

タイプ スキルアップ、キャリアアップ

時　期 年２回（４月、10月）

こちらもＩPAが主催する、2016年からスタートした新しい資格。システムを運用するうえで必要な情報セキュリティのスキルを認定する試験。サイバーテロや情報漏洩のリスクが騒がれている昨今、エンジニアでなくともぜひ収得しておきたい知識だ。

キャリアアップのための資格取得のステップ

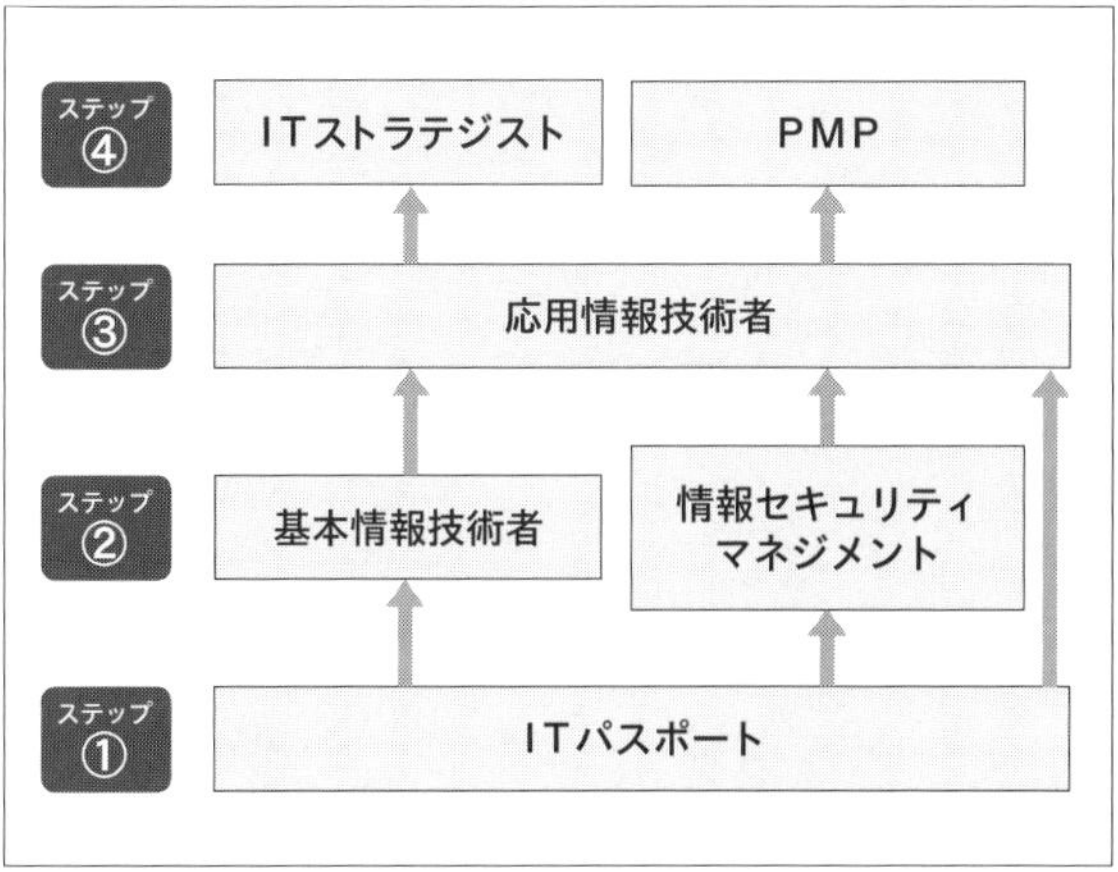

知識を問うものと言えます。

よく、「SEとプログラマの違いとは」と聞かれるのですが、これを建築にたとえると、SEは設計士、プログラマは大工さん、と言えるかと思います。先ほどの「基本情報技術者」はプログラマ、すなわち大工さんの技術を証明するための資格、そして「応用情報技術者」はSE、すなわち設計士の技量を証明するための資格、となります。そういう意味で、あくまでエンジニアではなく一般社員側、つまりシステムを発注する側の立場ならば、基本情報技術者の資格を飛ばして応用情報技術者の資格を取るのもいいでしょう。

ただし、テクノロジ系の知識も問われるので、その分勉強時間は必要になります。基本情報技術者が応用情報技術者の資格を取るには約半年の勉強が必要ですが、資格を持たない人は、1年くらいの勉強期間をみておいたほうがいいでしょう。

「プロジェクトマネジメント」のスキルは全業種で必須

「応用情報技術者」以降のステップアップについては、自分がどのような道を進みたいか

39 「発注側」として押さえておきたい

応用情報技術者

難易度

難しい

タイプ　キャリアアップ

時　期　年２回（４月、10月）

システムの設計・開発に関する知識を問う資格。エンジニアだけでなくシステム発注側も取得しておくことで、システム開発に主体的に携わることができる。基本情報技術者を取得していれば、約半年の勉強で合格できる。取得していない場合は約１年の勉強が必要。

40 あらゆる業種で求められる「プロマネ」の能力

PMP（プロジェクトマネジメント・プロフェッショナル）

難易度

ふつう

タイプ　キャリアアップ

時　期　随時

PMI（米国プロジェクトマネジメント協会）が主催する、プロジェクトマネジメントについての国際標準資格。あらゆる仕事が「プロジェクト化」している昨今、IT業界以外でも全業種でニーズが高まっている。受験には実務経験や研修を受けるなどの条件あり。

によって違ってきます。

たとえば、「応用情報技術者」に合格すると、経営系の代表的な資格である**「中小企業診断士」（19ページ）**の試験科目の一部が免除されます。そのためにこの資格を狙う人もいます。「基本情報技術者」と比べるとやや非エンジニア向けの知識が多く含まれるため、「ＩＴパスポート」合格後に直接「応用情報技術者」の資格を目指してもよいと思います。

キャリアアップのためにお勧めできるのが、**「PMP（プロジェクトマネジメント・プロフェッショナル）」（97ページ）**と**「ITストラテジスト」（99ページ）**。ＰＭＰはプロジェクトマネジメントの資格、ＩＴストラテジストは経営の立場からＩＴ活用の助言や支援を行なう資格です。

ＰＭＰは米国プロジェクトマネジメント協会（ＰＭＩ）が主催するアメリカ発祥の資格で、どのようにプロジェクトを円滑に進めるかの実践的な知識を問うものです。ＩＴ系の資格というべきか微妙なところではありますが、現在ではプロジェクトの多くにシステムが関係することもあり、ＩＴ系の資格とされることが多いようです。

ＰＭＰはプロジェクトマネジメントについてのバイブルとも言うべきテキストがあり、

41　情報・技術系でトップを狙うなら

ＩＴストラテジスト

難易度

難しい

タイプ　キャリアアップ、独立

時　期　年１回（10月）

経営的な立場からＩＴ活用の助言や支援を行なう資格。企業内でＣＩＯ（チーフ・インフォメーション・オフィサー）やＣＴＯ（チーフ・テクノロジー・オフィサー）などを目指す人や、ＩＴコンサルタントとして独立する人にも最適な資格。経営層を目指す人は検討してみては？

42　ビッグデータ時代を先導するために

統計検定

難易度

ふつう
（２級）

タイプ　スキルアップ

時　期　年２回（６月、11月）（準１級は６月、１級は11月）

ビッグデータ時代になりさらに注目を集めている「統計」。データ解析に不可欠なこの統計の知識や活用力を問う全国統一試験。レベルは４級から１級まで。２級、３級はコンピュータを使った「ＣＢＴ受験」も可能。データサイエンティストを目指すなら２級合格が目標となる。

それについての知識を問うことが試験の中心となりますが、受験には実務経験やＰＭＩ主催の研修を受けるなどの条件があります。

注目の「データサイエンティスト」になるための資格とは？

最近よく聞くようになってきた注目の職種として、「データアナリスト」や「データサイエンティスト」があります。どちらも要は会社に集積された業務データやビッグデータと呼ばれる国・企業・個人から得られる大量のデータを活用するための職種であり、このポジションに就けば、マーケティングの責任者や経営者の片腕になることが期待できます。

データアナリストやデータサイエンティストになるための資格が特にあるわけではありませんが、そのために取っておきたい資格が３つあります。それが前述の「基本情報技術者」に加え、**「統計検定」**（99ページ）と**「OSS‐DB技術者認定資格」**（101ページ）です。

データの分析に必要なのはなんといっても「統計」の知識ですが、その能力を問う最もメジャーな検定がこの「統計検定」です。最近では**「ビジネス統計スペシャリスト」**とい

43 需要に対して供給が少ない!?

OSS-DB技術者認定資格

難易度

ふつう

タイプ　キャリアアップ、転職
時　期　随時

中小企業を中心に導入が進んでいる「オープンソースデータベース(OSS－DB)」に関する知識を問う試験。需要に対して技術者は不足していると言われており、データサイエンティストとして活躍する他、転職にもキャリアアップにも活かせる資格と言える。

44 もはや全ビジネスパーソンの「必須スキル」

MOS
(マイクロソフト オフィス スペシャリスト)

難易度

かんたん

タイプ　スキルアップ
時　期　随時

Word やExcel など誰もが使っているマイクロソフトのアプリのスキルを証明する資格。科目は「Word一般」「Word上級」「Excel一般」「Excel上級」「Power Point」「Access」「Outlook」の7つで、必要な科目を選んで受けられる。スキルの証明に加え、実際に仕事の効率が上がるというメリットが大きい。

う資格も現われています。

「ＯＳＳ－ＤＢ技術者認定資格」はデータベースに関する資格。中でも特に「オープンソースデータベース」に関する資格です。オラクルのデータベースを使用する大手企業などと違い、中小企業では無料で使えるオープンソースデータベースの利用が中心のため、この資格が求められるのです。

「MOS」で、仕事が驚くほど速くなる！

さて、ここまではどちらかといえば、自身のキャリアに活かすための資格を紹介してきました。ただ、ＩＴ系資格には、「スキル」を習得するために役立つものも多々あります。

マイクロソフトが提供する**「MOS（マイクロソフト オフィス スペシャリスト）」**（101ページ）、より高度なエクセルやアクセスの知識を問う**「VBAエキスパート」**（103ページ）、フォトショップやイラストレータなどのアドビのソフトを使いこなすスキルを証明する**「アドビ認定アソシエイト（ACA）」**（103ページ）といったものです。

45 「仕事効率化」に大きな効果あり！

VBAエキスパート

難易度
ふつう

タイプ　スキルアップ
時　期　随時

「Excel」「Access」をより有効に活用するには必須の「マクロ・VBA（Visual Basic for Applications）」のスキルを問う検定。この能力があると、特にデータ入力や管理などのルーティンワークの自動化に大いなる効果を発揮する。MOSのワンランク上の能力を身につけたい人に。

46 デザインの世界では必須の知識

アドビ認定アソシエイト（ACA）

難易度
ふつう

タイプ　スキルアップ
時　期　随時

「Photoshop」「Illustrator」などのアドビ製品のスキルを証明する資格。デザイン系の職種には必須のスキルだが、発注者側も知っておいて損はない。科目ごとに受験することができ、全国の試験会場にあるコンピュータ上で随時、試験を受けられる。

他に「Ｏｒａｃｌｅ認定Ｊａｖａプログラマ」や「ホームページ作成検定」などプログラミングに関する検定もありますが、プログラミングの世界はどちらかといえば職人の世界。「見て覚える」「やって覚える」世界なので、資格がすぐに実務に活きるとは言いづらい分野です。

中でも私がぜひ、1人でも多くの人に受けてもらいたいと思っているのが、「ＭＯＳ」です。つまり、ワードやエクセルの能力を評価する検定です。

私は自分が教えている学生にもよく、「ＭＯＳを取るべき」と言っていますが、これは何も、就活に有利だからというだけの理由ではありません。今の時代、仕事の多くがワードやエクセル上で行なわれている以上、それを速く、正確に使いこなすスキルを得ることは、仕事の成果に直結するからです。

もちろん、ワードで文書を作ったりする操作は単なる「作業」にすぎません。ただ、その操作をいち早くこなすスキルを持つことで、それ以外の仕事、例えば内容を熟考したり必要な情報を探したりする時間に使え、仕事のクオリティが上がるわけです。

新機能もどんどん増えているので、我流でやってきた人ほど、体系的に学ぶことで多くの発見があるはずです。週末の時間を少し使うくらいで十分ですので、ぜひ、チャレンジしてみていただきたいと思います。

滝口直樹（たきぐち・なおき）ＩＴインストラクター／明治大学兼任講師
１９７７年、東京都生まれ。東洋大学社会学部卒業。大学で学んだ教育と学生時代に出合ったＩＴに関わる職業を求め、大手資格スクールに入社し、情報システム部・企画開発部にてデジタルコンテンツ制作・ｅラーニングプロジェクトを担当する。２００６年に独立し、Ｗｅｂコンサルティング・Ｗｅｂサイト制作などを中心に活動。現在は、大学・専門学校・企業研修の講師として活躍中。

「福祉・介護の資格」編

業界以外での活用も！
今、注目の資格とは？

人手不足が深刻化している介護・福祉業界。ハードではあるが「やりがい」も得られるこの仕事には、定年退職後、あるいは早期退職をして飛び込んでくる人も多いという。また、資格や知識が別の業界の人にとって役立つことも。介護・福祉の実情について、現場の取材経験が豊富な梅方久仁子氏にうかがった。

梅方久仁子
フリーライター

サービス系業種で介護の資格が注目されている!

福祉の仕事には大きく分けて、「相談援助系」と「介護系」があります。

相談援助（ソーシャルワーク）とは、なんらかの問題を抱える人の相談に乗って、解決の手助けをする仕事です。一方、介護系とはその名のとおり、各種介護施設やホームヘルパーとして高齢者や障害者の介護を行なう仕事です。

高齢者の介護の仕事は、勤務先によっては夜勤もあり、ある程度の体力が必要な仕事です。正直、給与がとてもいいというものでもありません。ただ、意義のある、やりがいのある仕事であることは確かですし、現在は人手不足もあり、就職先には困りません。正社員を目指している人にはお勧めできます。

資格があればこうした施設で働く際に役立つのはもちろんですが、最近、注目されているのは、異分野での活用です。ホテルやレストランなどの従業員、あるいはタクシー運転手など、サービス業の人が介護系の資格を取ることで、仕事に役立てているのです。「介護タクシー」などが典型ですが、高齢者の顧客が今後も増加していく中、介護の知識があればよりお客に寄り添ったサービスができるのです。

また、自身の親の介護などに活かせるという意味では、プライベートにも役立つ資格と言うこともできるでしょう。

働きながらでも取れる介護系の資格とは？

介護の資格で最も有名なのは、「ケアマネジャー（介護支援専門員）」（109ページ）でしょう。都道府県知事の登録を受ける、公的な資格です。

しかし、これは受験資格を得るまでのハードルが高く、初心者向きの資格ではありません。基本的には介護福祉士、社会福祉士、看護師といった、福祉または医療に関する国家資格などを持ち、その業務に関して5年以上の実務経験があるか、または、5年以上の相談援助業務の経験があって、初めて受験資格を与えられます。あくまでステップアップを目指す、業界の人向けの資格です。

47　有名資格だが、一般人が狙うのは難しい

ケアマネジャー（介護支援専門員）

難易度

難しい

タイプ　キャリアアップ

時　期　年１回（10月）

介護サービスのトータルコーディネーターとも言うべき資格で、ケアプランの立案やサービスのモニタリングなどを行なう。資格取得には医療や福祉に関する資格や実務経験が必要なので、一般の人がいきなり狙う資格ではない。難易度も高い。

48　新サービス開発に役立つことも

介護職員初任者研修

難易度

かんたん

タイプ　スキルアップ、キャリアアップ

時　期　随時

基本的な介護業務に必要な最低限の知識、技術などの取得を目指す研修。かつてのホームヘルパー２級に当たる。厳密には資格ではないが、130時間の研修を受けることで最低限の知識と技術を身につけたと見なされる。高齢者向けサービス開発にも役立つ。

社会人が働きながら取れる資格としては、**「介護職員初任者研修」**（109ページ）がありま す。これはかつての「ホームヘルパー2級」に当たるもので、正確には資格ではなく研修ですが、修了すれば、最低限の知識と技術を身につけたと見なされます。ある程度公的に認められた資格といっていいでしょう。介護職員初任者研修は130時間ありますが、土日や夜間、一部通信の講座もあるので、働きながら受講することは十分可能です。

さらに実務経験を3年以上積み、介護職員初任者研修を含めて450時間（6カ月）以上の「介護職員実務者研修」を受ければ、国家資格である**「介護福祉士」**（111ページ）の受験資格が得られます。この資格を取ることで、職場によっては手当てがつくなどのメリットがあります。

建設業・不動産業注目の「福祉住環境コーディネーター」

建設業や不動産業の方は、**「福祉住環境コーディネーター」**（111ページ）の資格取得を検討してみるのもいいかもしれません。高齢者や障害者にとって暮らしやすい住環境を提案

49　介護の世界でずっと働きたいなら

介護福祉士

難易度
ふつう

タイプ　キャリアアップ
時　期　年１回（筆記・１月、実技・３月）

国家資格。身体的・精神的な障害により日常生活を送るのに支障がある人に対し、入浴や排せつ、食事などの介護を行なう専門能力を持つことを証明する資格。取得するためには、実務経験及び所定の研修受講か専門学校の卒業が必要。

50　建設、不動産業界でニーズあり！

福祉住環境コーディネーター

難易度
ふつう

タイプ　キャリアアップ
時　期　年２回（７月、11月）（１級は11月）

高齢者や障害者ができるだけ自立して生き生きと生活できる住環境を整えるアドバイザーの資格。東京商工会議所が主催している。現業で活かすため、建築業界や不動産業界の人が取ることが多い。３級から１級があるが、実際に仕事に使うなら２級以上を取っておきたい。

するための知識を問う資格で、バリアフリー住宅への改装などが増えている今、ニーズが高まっています。

実際、手すりをどの高さに取りつけるかといった細かいことですら、専門知識がある人とない人では大きな差が出ます。3級からありますが、2級以上なら世間的に認められると言っていいでしょう。福祉・介護の資格では珍しく、試験だけで取得することができるのもメリットです。

子供好きの人は「保育士」を目指すのも面白い

一方、相談援助系の代表的な資格は「**社会福祉士**」（113ページ）です。いわゆる「ソーシャルワーカー」として、介護が必要な人やその家族、身体的・精神的なハンディキャップがある人、経済的に困窮している人などの相談業務に携わることができます。相談業務は社会福祉士の資格がない人でも行なうことが可能ですが、もちろん、資格がある人のほうが、より信頼性が増します。

51 ソーシャルワーカーとして働きたいなら

社会福祉士

難易度
難しい

タイプ キャリアアップ、転職
時　期 年１回（２月）

相談援助系の国家資格。ソーシャルワーカーとして必須ではないが、資格があれば一定レベルの能力があると証明される。高卒、短大卒で所定の実務経験を経る、４年制の一般大学を卒業した後に一般養成施設等に１年以上通う、福祉系の４年制大学を卒業等で受験資格を得られる。

52 ニーズは高い。子供好きならいいかも!?

保育士

難易度
ふつう

タイプ キャリアアップ、転職
時　期 年２回（筆記・４月、10月）

保育施設などで活躍する保育の専門家。資格取得には養成施設を卒業する他、一般の大学、短大、専修学校卒の人も、保育士試験に合格することで取得可能（大学在学中の場合は２年以上在籍して、62単位以上を取得見込みであることが条件）。福祉の資格の中ではハードルが低い。

取得条件は、4年制の一般大学を卒業している人なら、一般養成施設に認定されている学校に1年以上通って課程を修了することで、受験資格が得られます。夜間スクールなどもありますので、働きながら取ることは可能ですが、試験内容は簡単ではなく、それなりにハードではあります。

「保育」もまた、福祉・介護の世界に含まれます。ご存じのとおり近年は保育施設の不足が全国的に問題となっており、ニーズの高い仕事でもあります。

専門学校を出たわけではない人が**「保育士」**（113ページ）の資格を取るには、4年制大学、短期大学や2年以上の専修学校を卒業または1991（平成3）年3月31日以前に高等学校を卒業した人は保育士試験を通ればOKです（1992〈平成4〉年度以降に高等学校を卒業した人はある程度の実務が必要）。試験のハードルは低くありませんが、予備校や通信教育もあるので、仕事をしながら取得することは可能です。子供好きの人は検討してみてもいいかと思います。

53 ニーズはあるが、いきなりは難しい

管理栄養士

難易度

難しい

タイプ キャリアアップ、転職

時期 年1回（3月）

栄養指導のプロとして各分野でニーズが高まっている。ただし、管理栄養士の資格を得るには、栄養士としての実務経験を積むか、管理栄養士専門の養成施設に通う必要がある。通信教育や夜間制の学校がないため、働きながら取得するのは事実上かなり困難な資格。

人生経験豊富な「シニア人材」が求められている！

また、これは厳密には福祉の分野ではないのですが、**「管理栄養士」**（115ページ）の資格が業界で注目されています。

どんな分野でも「食」に関心が集まっている昨今ですが、特に高齢者は食べ物に注意が必要です。堅いもの、飲み込みにくいものはNGですし、そのうえで、栄養バランスの良い食事を考えねばならないからです。そのため、病院や介護施設で管理栄養士が求められ、活躍するケースが増えているのです。

ただし、実務経験やスクールへの通学が必

要なため資格取得のハードルが高く、「働きながら資格を取得する」というのはなかなか難しいでしょう。

介護の世界は体力勝負とも言われますが、より重要なのは、高齢者と話が合ったり、共感できたりすること。その点で、若い人よりも、人生経験を積んだ中高年の人のほうが、介護の仕事に向いているといえます。実際、介護の資格取得のために学校に通う中高年の人は少なくありません。定年退職後に通う人もいます。

また、定年後に社会福祉士の資格を取り、相談センターの嘱託《しょくたく》として働いている人もいます。定年後にバリバリ働いて稼ぐ、というのではなく、やりがいのある仕事を長く続けたい、という人にもお勧めです。

梅方久仁子（うめかた・くにこ）フリーライター

1959年、兵庫県生まれ。薬学部を卒業後、製薬会社勤務を経て、フリーライターに。医療、福祉、健康、ITなど、幅広い分野で活躍中。著書に『改訂新版 福祉・介護の資格と仕事 やりたい仕事がわかる本』（技術評論社）などがある。また、『介護福祉士まるごとガイド』『社会福祉士まるごとガイド』（ともにミネルヴァ書房）などの取材・執筆を担当。薬剤師、NR・サプリメントアドバイザー。

「趣味・ユニーク検定」編

「好き」を自分の強みに変える

今の日本には数々の「ユニーク検定」が存在している。歴史や地理といった趣味分野の検定はもちろん、マンガやアニメ、ゲームについての検定も。まさに百花繚乱状態で、いったい世の中にいくつの検定があるのか、専門家でも把握しきれない状態だという。その奥深い世界を少しだけのぞいてみよう。

妖怪や忍者⁉ 百花繚乱の「ご当地検定」

近年、次々に生み出されている趣味系の資格・検定。第1章でご登場いただいた鈴木秀明氏によれば、こうした趣味系の検定には「勉強のモチベーションになる」という効果の他、「キャラを立てる」という効果があるという。確かに、名刺に「世界遺産検定マイスター」などと入っていれば、必ず話題となり、名前も覚えてもらいやすくなるだろう。「こわもてな外見に似合わず、野菜ソムリエの資格がある」「若い女性が唎酒師《ききさけし》の資格を持っている」など、ギャップで勝負するのも面白い。「好きなもの・興味があるもの」＋「アピールしたいもの」という観点で、こうした検定を活用するのがよいだろう。

無数にある「検定」だが、中でも多いのがいわゆる「ご当地検定」だ。北は北海道（**「北海道観光マスター検定」**）、南は沖縄（**「沖縄歴史検定」**）まで。都道府県主催の検定から、市単位、町単位のものまで数多くの検定が揃う。メジャーなものとしては**「東京シティガ**

54 世界の「TOKYO」をガイドできる人材に

東京シティガイド検定

難易度 ふつう

タイプ 趣味、副業

時期 年1回(12月)

国内外から多くの人が訪れる東京。そのガイドの知識を問うもので、範囲は江戸・東京の歴史、地理、文化から最新事情まで幅広い。観光系の仕事にはもちろん、海外から来たお客様を案内したり、ボランティアガイドをしたりと、活かし方はいろいろ。

55 「京都好き」にはたまらない地域検定の走り

京都・観光文化検定

難易度 ふつう

タイプ 趣味、副業

時期 年1回(12月)

世界的な観光都市、京都についての広範な知識を問う検定。2004年より行なわれている、ご当地検定の走りともいえる存在。3級から1級まであり、1級はすべて記述式というレベルの高さ。京都に住む人はもちろん、「京都好き」にも。

イド検定」（119ページ）**「京都・観光文化検定」**（119ページ）の二大観光都市の検定だろう。自分が住んでいる土地の検定を取得しガイドとして活躍するなど、活用方法も幅広い。

ユニークなものとしては、その土地を象徴するものとコラボした検定がある。『ゲゲゲの鬼太郎』作者の水木しげる氏の出身地・鳥取県境港市で開催される**「境港妖怪検定」**（121ページ）は、境港というよりは妖怪についての知識を問う検定試験。忍者の里・甲賀市で行なわれる**「甲賀流忍者検定」**（121ページ）には、なんと手裏剣や吹き矢の実技が。こうした検定は、旅行を兼ねたイベントとして楽しむのもいいかもしれない。

アピール力抜群の飲食関連の資格・検定

飲食関係の資格・検定は、著名人も多く取得している**「野菜ソムリエ」**（123ページ）から、**「日本さかな検定（ととけん）」**（123ページ）**「チーズプロフェッショナル」「きのこ検定」**まで多種多様。中でも飲み物系は充実しており、**「ワインエキスパート」**（125ページ）**「唎酒師」**（125ページ）**「日本ビール検定」「日本茶インストラクター」「ＪＢＡバリスタライセンス」**

56 ネタのように見えて実は本格的な内容

境港妖怪検定

難易度 ふつう

タイプ 趣味
時 期 年１回（10月）

鳥取県境港市出身の水木しげる氏の妖怪考察を通じて、日本各地に伝わる妖怪について学び、その知識を問う検定。初級、中級、上級があり、合格すると「妖怪博士」と認定される。境港はもちろん、東京でも受けられる（上級は境港のみ）。

57 イベント感覚で楽しめるユニーク検定の代表

甲賀流忍者検定

難易度 かんたん

タイプ 趣味
時 期 年１回

伊賀と並ぶ忍者の里として知られる滋賀県甲賀市が毎年行なっている検定で、忍者についての知識を問うだけでなく、吹き矢や手裏剣の実技まであるというユニークな検定。講演やショーも行なわれるなど、イベントとして楽しめる検定の代表だ。

「コーヒー&ティーアドバイザー」と、一通り揃っている。飲食業に従事する人が取得し、「○○こだわりの店」をアピールするという使い道はもちろん、趣味として楽しむためにも取っておいて損はない。「あの会社にはバリスタの資格を持つ人がいて、いつもおいしいコーヒーを入れてくれる」というように、イメージアップに使うという手も。

歴史、温泉から似顔絵、ねこまで……?

趣味の分野の検定もいろいろある。「旅行」に関してだけでも、人気の高い**「世界遺産検定」**(126ページ)から、ツアーに参加することで取得できる**「温泉ソムリエ」**(126ページ)、そのものずばり**「旅行地理検定」**というものも。地域の郷土料理や名産品などの知識を問う**「全国観光特産検定」**を受けておけば、出張先でのお土産選びにも活かせそうだ。

歴史ならば、日本史・世界史を広範に扱う**「歴史能力検定」**(127ページ)が、車好きなら、自動車の歴史やモータースポーツ、国内外のメーカーの車種などを問う**「くるまマイスター検定」**(127ページ)などがある。

58 生活に役立ち、イメージアップにも

野菜ソムリエ

難易度
ふつう

タイプ スキルアップ、趣味
時期 随時

「野菜のスペシャリスト」を目指す資格。鮮度の良い野菜の見分け方や調理のコツが身につくため、生活にダイレクトに役立つ資格だ。講座を受講し、試験に合格することで認定を受けることができる。芸能人も多数取得している人気資格。

59 「日本人に生まれた喜び」を味わえる

日本さかな検定(ととけん)

難易度
ふつう
(2級)

タイプ 趣味
時期 年1回(6月)

「魚を学び、旬をおいしく食す」ための検定で、魚の呼び名や生態、魚にまつわる文化など幅広い知識を問われる。知れば知るほど魚をおいしく食べられるようになる資格だ。3級から1級まであり、1級はまさにエキスパートレベルの知識を問うもの。

スポーツ系の検定も多い。61ページで紹介した**「水泳指導者資格」**のような指導員系の資格だけでなく、純粋にファンとして楽しむための検定も多い。たとえば**「野球知識検定」（128ページ）**は、試験後に往年の名選手のトークショーがあるなど、イベントとしても楽しめる。

趣味とスキルをかけ合わせたような検定もある。似顔絵の能力を問う**「似顔絵検定」（128ページ）**は、取得すれば特技として重宝する。**「暗算検定」**を持つ人は「数字に強い」という印象を与えることができるだろう。その他にも、タオルの産地である今治タオル工業組合が主催する**「タオルソムリエ」（129ページ）**、神保町のねこ専門書店が主催する**「ねこ検定」（129ページ）**などユニークな資格・検定は枚挙にいとまがない。

どんな資格・検定が世の中にあるのかを知るには、大型書店の資格コーナーに足を運んでみる他、「検定、受け付けてます」などの資格ポータルサイトもある。あとは「〇〇資格　検定」で検索する。「こんな検定あるわけない」と思っても、試しに検索してみると見つかることもあるはずだ。ただ、注意したいのは、一時期だけでなくなってしまう検定や、一度きりしかやらない検定もあること。ある意味、資格・検定は一期一会なのだ。

60 持っていると、ちょっとカッコいい

ワインエキスパート

難易度

ふつう

タイプ 趣味

時　期 年１回（第１次７～８月、第２次10月）

「ソムリエ」資格を認定している日本ソムリエ協会による資格。ソムリエ資格は職務経験がないと取得できないが、こちらは20歳以上なら誰でも受験・取得できる、主に愛好者向けの資格。ワインについての知識の他、テイスティングの試験も行なわれる。

61 日本酒の奥深さにどっぷりハマろう

唎《きき》酒《さけ》師《し》

難易度

ふつう

タイプ 趣味

時　期 随時

1991年に制定された、本来は飲食店や酒類流通に関わる人のための資格。だが、一般の「日本酒好き」の受験も多いという。講座、あるいは通信プログラムを受講後、試験を経て取得。試験にはテイスティングもある。飲み会で役立つかも!?

62 仕事にも旅行にも役立つ人気の検定

世界遺産検定

難易度

ふつう
（2級）

タイプ　趣味

時　期　年4回（2月、7月、9月、12月）

これまで20万人以上が受験し、11万人以上が認定を受けた人気資格。世界遺産に関する知識や理解を問うもので、学生のAO入試や就職活動で評価される他、旅行業界内でのスキルアップにも。4級から1級、マイスターに分かれている。

63 ツアーで取れるユニークな資格

温泉ソムリエ

難易度

かんたん
（受講のみ）

タイプ　趣味

時　期　随時（セミナー参加）

試験ではなく、セミナーの受講（半日）かツアー（1泊2日）への参加によって認定される資格。温泉の成分などの知識や正しい入浴法を知ることで、温泉に入るのが数倍楽しくなる。自宅でのインターネット受講も可能。有名人の取得も多い。

64 「歴史好き」の実力試しに最適

歴史能力検定

難易度
ふつう

タイプ　趣味、生涯学習
時　期　年1回(11月)

「過去にまなび未来を語ろう」というキャッチフレーズのもと、単に知識を問うだけでなく、今、起こっていることの歴史的な背景をも探ることを目的としている。日本史と世界史、どちらも扱う。「歴史好き」は腕試しも兼ねて受験してみるのもいいのでは。

65 受験者向けイベントや特典が豊富!

くるまマイスター検定

難易度
ふつう

タイプ　趣味
時　期　年1回(11月)

くるまの知識を試す唯一の検定で、自動車メーカー各社をはじめ多くの企業が協賛していることもあり、特典が豪華なのもポイント。受験者や合格者向けイベントなども充実しており、くるま好きにはたまらない。合格者には関連施設の割引なども。

66 往年の名選手に会える!? 人気のスポーツ検定

野球知識検定

難易度
ふつう

タイプ 趣味
時　期 年１回（12月）

最も多くの日本人に愛されるスポーツ「野球」の知識を問う検定。日本のプロ野球に加え、高校野球や大リーグ、アジアの野球まで範囲は幅広い。ユニークなのは試験の検定官をプロ野球OBが担当すること。検定後にはトークショーなどのイベントも。

67 持っていれば話題になること間違いなし

似顔絵検定

難易度
ふつう

タイプ 趣味
時　期 年３回（２～３月、６月、11月）

似顔絵を描く能力を問うユニークな検定。試験では写真を見ながら似顔絵を描くのが基本だが、上級になってくると背景やポーズ、持ち物なども含め指定が入る。問題の数は、４級で２問、１級では５問と多くなる。絵心のある人はチャレンジしてみても面白い。

68 タオルの世界の奥深さに触れてみる

タオルソムリエ

難易度 ふつう

タイプ 趣味
時　期 年1回（9月）

今治タオル工業組合が主催する、タオル選びのアドバイザー「タオルソムリエ」を認定する資格。誰でも受験可能で、消費者としてのタオル選びにももちろん役立つ。タオルの種類からその製法、用途による使い分けまで、幅広い知識を問われる。

69 「ねこ好き」にはたまらない検定

ねこ検定

難易度 ふつう

タイプ 趣味
時　期 年1回（3月）

2017年誕生の新しい資格。ねこ好きの多さもあってか、すでに受験者は7000人を超えているという。神保町の有名なねこ専門書店「猫本専門神保町にゃんこ堂」が特別協力している。初級はパートナー、中級がスペシャリスト、上級はマスターレベルのねこの知識を問われる。

第 3 章

誰もが気になる「語学」の資格

資格・検定というと、人によってはまず「英語」を思い浮かべるかもしれない。英語だけでも10を超える資格・検定があり、さらには中国語、フランス語、韓国語など語学系の資格は数多い。こうした語学系の資格を、どのようにキャリアに活かしていけばいいのか。

本章では英語を中心に、語学の資格の世界を紹介する。自分が受けるべき試験、学ぶべき言語を、ぜひ見つけていただきたい。

本当に役立つのはどれ?

「英語の資格」は目的で選ぼう

今、一番世の中の関心が高い資格と言えば、英語になるだろう。「TOEIC」の受験者数は、年間270万人に上り、他の資格・検定と比べてもその人気は圧倒的だ。ただ、その他にも「英検」「TOEFL」などさまざまなものがある。英語の資格にはどんなものがあり、どれを受ければいいのか。

「英語ができて当たり前」の時代がやってくる！

キャリアにおける「英語」の重要性は、今さら改めて言うまでもないだろう。海外との仕事、海外での仕事はどんな業種でも当たり前になり、日本で働いていても多くの外国人が日々、やってくる。転職サイトでも真っ先に聞かれるのが「英語ができるか」だ。

さらに、今後は英語教育の低年齢化が進み、２０２０年度には「小学3年生からの必修化」と「小学5年生からの教科化」が完全実施される。こうなると、10年、20年後には「英語ができて当然」の世代が世の中にあふれ、英語ができない人はどんどん若手に淘汰《とうた》されていくことになるかもしれない。

では、そんな時代に生き残るには、どのような勉強をして、どんな資格取得を目指せばいいのか。英語の「効果的な学び直し法」については、このあとに続く関正生氏の話に譲るとして、数多くある英語資格のうち、どれを目指せばいいのかについて、ここでは話を進めていきたい。

「TOEIC」はビジネス向け、そして日本人向け？

大前提として言えることがある。それは、「英語を話せるようになりたいだけなら、別に資格を取る必要はない」ということ。アメリカ人はTOEICや英検を受けたりしないし、英語がペラペラの帰国子女の中にも、こうした資格を取得していない人は多い。

では、なぜ資格を取るのかと言えば、それは「英語力を誰かに証明するため」に他ならない。つまり、「誰に何を証明したいか」によって、目指すべき資格は変わってくる。

「企業に対して英語力をアピールしたい」という意味では、なんと言ってもメジャーなのが「TOEIC」（トーイック・135ページ）だろう。年間270万人（2017年度。3つあるテストの合計）もの人が受ける、日本で最も人気のある英語資格だ。そのスコアが就職や転職の際に重視される他、企業内でもある程度以上の役職になるとTOEICの基準点数をクリアすることが求められるなど、キャリアアップに直結する資格でもある。

元々ビジネスの場面での実践的なコミュニケーションで使える英語力を測ることを目的と

70 英語でのキャリアアップならまずこちらを

TOEIC(トーイック)

タイプ キャリアアップ、転職
時　期 年10回

英語検定の代表的存在。就職・転職に有利な他、海外勤務者の選抜や昇進の条件に使う企業も多い。試験内容はリスニングとリーディングのみのため受けやすい。ちなみに話す・書く力を測る「TOEIC Speaking & Writing Tests」、初心者向けの「TOEIC Bridge Test」もある。

71 歴史ある代表的な英語資格

実用英語技能検定(英検)

タイプ 留学、キャリアアップ
時　期 年3回(1次・1月、6月、10月)

他の英語資格と違い、スコアではなく合格判定がされるのが特徴。7つの級に分かれており、1級は相当な難易度として知られる。TOEICと違いスピーキングとライティングの試験もあるため、コミュニケーション能力がより問われる。

しているため、仕事との親和性が高いのが特徴だ。

普通、ＴＯＥＩＣと言われたときに指すのは、「TOEIC Listening & Reading Test」のことで、その名の通り「聞く」「読む」の能力が問われる。その他、「話す」「書く」力を測る「TOEIC Speaking & Writing Tests」、初級者向けの「TOEIC Bridge test」がある。

ただし、ＴＯＥＩＣは約１６０カ国以上で実施されているとはいえ、あくまで日本やアジア向けの英語資格であることに注意。意外と知られていないが、実はＴＯＥＩＣは、日本からの要請を受けて、ＴＯＥＦＬを運営するアメリカのテスト開発機関（ＥＴＳ）が作成したという経緯がある。その後、世界各地に広がったとはいえ、今でも受験者の大半は日本人及び韓国人とも言われる。海外に対して英語力をアピールするには、むしろＴＯＥＦＬやＩＥＬＴＳのほうがいいという側面もあるのだ。

海外での知名度が高い「ＴＯＥＦＬ」「ＩＥＬＴＳ」

「ＴＯＥＦＬ」（トーフル・139ページ）は、英語力がスコアとして算出されるなど、ＴＯ

ＥＩＣと似たものと思われがちだが、実はその目的が大きく違い、本来はあくまで英語圏への留学を目的としたもの。アメリカをはじめとした英語圏の大学に対して、その英語能力を証明するための試験なのだ。そのため、試験の内容もアカデミックなものが多い。

一方、**「IELTS」（アイエルツ・139ページ）**の特徴は、イギリス系の資格であること。海外留学や移住のための英語力を証明するもので、イギリスはもちろん、カナダ、オーストラリアでも多くの大学で用いられている。主に留学向けの「アカデミック・モジュール」と、英語圏での仕事や移住の目的のための「ジェネラル・トレーニング・モジュール」に分かれているのも特徴だ。

一方、古くから日本にある英語資格の代表が**「実用英語技能検定」（135ページ）**、いわゆる**「英検」**だ。ＴＯＥＩＣを基準にする企業が増えているとはいえ、まだまだブランド力は高く、「リスニング」と「リーディング」のみが問われるＴＯＥＩＣよりも、「スピーキング」「ライティング」まで問われる英検のほうが、受験者の英会話能力を証明できるとも言われる。

どのくらいのスコアなら「話せる人」と認められるのか？

ＴＯＥＩＣはスコア（10〜９９０点）なので、何点でも履歴書に書くことは可能だが、やはりアピールするならば最低でも６００点はほしいところ。外資系企業への就職・転職を考えるなら８００点はほしい。ちなみにＴＯＥＩＣの公式ホームページでは、国際部門で働く社員に期待される点数として６６０〜８４０点。また、８６０点以上だと、ノンネイティブとしてコミュニケーションができるレベルとしている。

英検は準１級が「英語が話せる人」の一つの基準となるが、その上の１級はかなり難易度が高く、これを取得することができれば大きなアピールになり得る。

ＴＯＥＦＬのスコアはリスニング、リーディング、ライティング、スピーキングの４分野で各０〜30点のスコアがつき、その合計が総合得点となるので、１２０点満点だ。

留学に必要なＴＯＥＦＬの点数は大学ごとに決められており、一般的な４年制大学だと80点以上、難関大学の大学院となると１００点以上を求められることが多い。たとえばＭ

72 留学ニーズとはいえ、世界的な知名度は高い

TOEFL（トーフル）

タイプ　留学、キャリアアップ
時　期　年40回程度

非英語圏の国の人を対象に、英語圏への留学に際しての英語力を判定することを目的とした試験で、1964年より実施されている。広く知られている試験なので、英語力のアピールにもなる。読む・聞く・書く・話すの「英語４技能」が問われる。

73 TOEFLとは一味違う？

IELTS（アイエルツ）

タイプ　留学、キャリアアップ
時　期　月３回程度

海外留学や移住に必要な英語力を判定するための試験で、アメリカ系のTOEICと違いイギリスとオーストラリアの機関により運営される。世界140カ国、年間300万人以上と年々受験者が増えている。「アカデミック・モジュール」と「ジェネラル・トレーニング・モジュール」に分かれる。

BAの最高峰、ハーバード・ビジネススクールは109点だ。一方、有名校のわりには意外と点数が低いところもあり、これは個別に調べるしかない。

IELTSは、「バンドスコア」と呼ばれるシステムで評価が出る。1・0〜9・0まで0・5刻みでスコアが算出され、6・0なら「Competent user」（有能なユーザー）として「状況による英語力の差が大きいものの、理解し英語をうまく使う能力がある」、8・0なら「Very good user」（非常に優秀なユーザー）として、「多少のミスは見受けられるが十分通用するレベルである」などと評価される。リスニング、リーディング、ライティング、スピーキング、総合と分野ごとにスコアがつく。著名大学への留学には7・0以上、それ以外の大学でも6・0以上は求められることが多い。

専門特化型の英語資格を目指すという手も

一方、専門分野に特化した英語の試験も存在する。たとえば「**観光英語検定**」（143ページ）は、ホテルや飲食店、交通機関などで必要とされる英語の能力を問う内容で、これらの職種の人やこれから就職・転職を目指す人にとっては、より実践的な英語を身につけ、それを証明することができる資格だ。

「工業英語能力検定（工業英検）」（143ページ）は、技術系の英語、いわゆる「テクニカル・イングリッシュ」の能力を問うもの。技術系の業種の人がより実践的な英語を学び、それを証明することができる。

英語の資格があくまで「相手に英語能力を証明するもの」と考えれば、これらの専門特化した英語の資格を優先して取ることもまた、戦略の一つとなるだろう。

「英語＋アルファ」がなければ価値はない⁉

英語の資格は重要だが、一方で「英語だけしかできない人材」のニーズは今後、どんどん減少していくのは確実だ。自動翻訳の精度も日増しに高まっている。だからこそ「英語系資格＋別の資格」が有効なのは、ここまで紹介してきた他の資格とも同様だ。

もちろん、どんな資格との組み合わせも面白いが、代表なものが、観光客に対する観光ガイドを行なうプロフェッショナル「全国通訳案内士」（145ページ）だろう。国家資格であり、今後の外国人観光客の増加も考えれば、ますます魅力が高まってくる資格と言える。実は2018年より国家資格がなくても外国人へのガイドをすることが可能となり、通訳案内士の呼び名も「全国通訳案内士」に変更になったが、やはり資格があるほうが有利なことは確実だ。

試験内容は日本の歴史や地理など幅広い知識が問われる他、語学の試験もある。英語以外にもフランス語、スペイン語、ドイツ語、中国語、イタリア語、ポルトガル語、ロシア語、韓国語、タイ語から選ぶことができる。

ちなみに英検1級合格者、TOEICスコア900点以上で英語の筆記試験が免除になる。こうした免除措置は他の言語の資格にもある。

注目が集まる「日本語教師」の仕事

また、面白いのは外国人に日本語を教えるという仕事だ。外国人労働者の増加もあり、

74 技術職なら取っておいて損はない

工業英語能力検定（工業英検）

タイプ　スキルアップ、キャリアアップ
時　期　年4回（1月、5月、7月、11月）（2級と1級は年2回）

「科学技術文書を読む能力・書く能力を客観的に正しく評価する」検定。いわゆる工業英語のスキルを問うもので、技術者や研究者の受験が多い。科学技術領域の英語には専門的な用語が多く、現場で役立つテクニカルライティングも学べるため、このスキルがあると重宝される。

75 外国人おもてなしの「プロ」となるために

観光英語検定

タイプ　スキルアップ、キャリアアップ
時　期　年2回（6月、10月）（1級は10月）

一般的な英語能力に加え、外国人観光客を迎える旅行・観光・ホテル・レストランサービス等の職業独特の言い回しを問う検定。訪日外国人観光客が増加している今、ニーズが高まっている。筆記とリスニングの試験があり、観光に必須の文化、地理、歴史の知識も問われる。

ニーズが高まっている。日本語教師になるために必須の資格はないが、広く価値が認められているものとして**「日本語教育能力検定」**（145ページ）があり、仕事として日本語教師を目指す人は取っておくことが望ましいとされる。

日本語を話せることとそれを教えられることはまったく別の能力であり、専門的に学ばなければ教えるのは難しい。海外で働いてみたい人や、定年後も働きたい人に人気の仕事だ。

以上のように、英語資格は確かに重要だが、「どう使うのか」を考えることが先決とも言える。語学の勉強にはある程度の時間がかかるため、単に「話せるようになりたい」というだけでは、モチベーションが続かない恐れもある。

とはいえ今は、英語力を活用できる仕事が増えている時代でもある。インターネットで海外へモノを売る。培った技術を海外に広める。外国人観光客向けに新たなサービスを展開する……。ぜひ、「英語を使ってどんなことができるか」「英語ができればどんなキャリアが開けるか」を、考えてみていただきたい。

76 英語を含め10の外国語で受験が可能

全国通訳案内士

タイプ　キャリアアップ、転職
時　期　年１回（筆記・８月、口述・12月）

2018年の法改正で、資格を持たない人でも有償でのガイドが可能になり、通訳案内士の呼び名は「全国通訳案内士」に変更。現在、約2万4000人の登録者がいる。日本の歴史や地理、文化等の観光に関する高い知識の他、外国語の能力も問われる。

77 外国人労働者の増加でチャンスが増える!?

日本語教育能力検定

タイプ　スキルアップ、転職
時　期　年１回（10月）

必須ではないが、日本語教師になるにはこの資格を取るか、専門学校で一定時間の学習をすることが望ましいとされている。日本語が話せるからといって、専門的に学ばなければ教えるのは難しい。出題範囲は言語や教育だけではなく、社会や心理まで幅広い。

英語学習法

忙しい社会人のための「最も効率的」な英語学習法とは？

英語の勉強というと、学生時代にやった「丸暗記」「詰め込み」の勉強方法を思い出すかもしれない。だが、カリスマ英語講師として活躍する関正生氏は「大人には大人の英語学習法がある」と話す。時間がない中でも効率的に英語を勉強するための方法とはどういったものなのだろうか。

関　正生
英語講師

他に武器があれば、英語は切り捨ててもいい

最初に断っておくと、私はすべての人が英語を学ぶ必要はないと考えています。あなたが英語に代わる武器を持っているなら、それを磨くことに集中して欲しいからです。そして英語が必要な場面では通訳を雇えばいい。自分にできないことは、できる人に外注すれば済む話です。

なぜなら、英語を身につけるのは簡単ではなく、相応の時間と気力とお金を費やすことになるからです。「英語が武器です」と言えるレベルになるには、少なくともTOEICなら850点から900点を目指す必要があります。それを実現するために余暇や睡眠時間といった何かを捨てる覚悟があるのか、今一度ご自分に問いかけてください。その結果得られるものが、果たしてそのコストに見合うのか。英語ができなくても食べていける、評価される自信があれば、英語の学習に使う時間を別のことに充てるべきではないでしょうか。

そもそも「英語ができたらいいな」という程度の動機では、学習は長続きしません。英語を身につけるには、「義務ベース（＝やらなくてはいけない）」のモチベーションが、「願望ベース（＝やってみたい）」のモチベーションを上回る必要があります。「TOEIC700点取らないと昇進できない」という状況があり、かつ本人が昇進を望むなら、「義務」＞「願望」なので必死に勉強するでしょう。裏を返せば、それくらい強いモチベーションがなければ英語は身につかないということです。

多忙なビジネスパーソンの学習には「絞り込み」が不可欠！

それをよく考えたうえで、「やはり自分は英語を勉強しなくてはならない」と腹をくったら、まずやって欲しいのが勉強する「分野」と「技能」を絞ることです。

仕事が忙しいビジネスパーソンは、無駄なことに時間を割く余裕はありません。「自分にとって必要な英語」の範囲を徹底的に絞り込み、そこに集中するのが最も効率的です。「分野」を絞るとは、要するに「自分が英語を必要とする具体的な場面」を明確にすることです。「仕事で英語を使う」と言っても、プレゼンで必要なのか、海外の工場視察で必要なのか、外国人上司との会話で必要なのかによって、学ぶべき英語の中身は大きく異なります。

加えて、自分が仕事で関わる業界や業種によっても学ぶ分野は絞り込めます。自動車メーカーに勤めているなら、当然ながら自動車関連の単語や例文を学ぶ必要があるでしょう。その場合、世間一般で売れている教材が役立つとは限りません。たとえば、あるベストセラーの英会話本には「僕たちの娘の進路はどうしよう?」という例文が載っていましたが、こんな会話をするのは国際結婚した人だけ。重要なのは、「やらなくていいこと」は徹底してやらないことだと心得てください。

もう一つの「技能」とは、いわゆる4技能と呼ばれる「読む」「聞く」「話す」「書く」です。このうち、自分が勉強するものを一つか二つに絞ってください。

もちろん、4つの技能を同時に伸ばしていければ理想的です。ただ、4技能を満遍なくマスターしようとすれば膨大な時間がかかり、なかなか結果が出ません。だから途中で心が折れてしまう。だったら4つの技能を25%ずつやるより、一つの技能に100%集中したほうが成長の実感を得やすいし、短期間でスキルアップできるので、周囲からも「英語のプレゼンなら、あの人が一番だよね」などと評価されやすくなります。

まずは単語と文法で土台を固める

よって「分野」と「技能」を絞ることが重要なのですが、その前に英語学習者が共通でやって欲しいことがあります。それが「単語」と「文法」です。

この二つはいわば「英語の基礎体力」です。習得を目指すのが4技能のどれであっても、単語を知らなかったり、文法をしっかり理解していなければ、どのスキルも身につきません。どの分野や技能をマスターしたい人も、最初に基礎体力をつけてしまえば、あとはラクに続けることができます。

なお単語については、私は「1カ月で1000単語」を覚えることを勧めています。なぜなら、英単語を1000語覚えると、世界が変わるからです。

視力にたとえると、100語覚えただけなら0・1上がったくらいですが、1000語覚えれば1・0上がったに等しい変化を体感できます。視力0・2の人が1・2になったら、見える世界はガラリと変わる。それと同じように、どんな英文を読んだり聞いたりしても「わかる！」という実感を得られるラインが「1000単語」なのです。

文法は他の弱点をカバーしてくれる

続いて「英文法」を勧めるのは、英語の理論を知ることで、大人の強みである「論理的思考力」を生かせるからです。加えて、例文をただ丸暗記するより、英文のルールを理解した上で覚えたほうがすんなり頭に入ります。

また、英文法を強化すると、その他の弱点をカバーできるメリットもあります。私は一度も発音練習をしたことがありませんが、あるネイティブから「君は文法がきちんとしているから、多少発音が悪くても言っていることが理解できる」と言われたことがあります。たとえ「r」と「l」を完璧に発音できなくても、文章の骨子となる文法が正しければ、外国人にも通じるのです。

最も効率の良い英語学習の手順とは？

英語4技能すべてを身につける、最も効率の良い英語学習法は、「単語力」→「文法・リーディング力」→「リスニング力」→「ライティング力・スピーキング力」の順番で勉強することです。ただし、これは4技能すべてを学ぶ場合で、実際は「単語力」と「文法・リーディング力」をつけた後、自分が絞り込んだ4技能のいずれかに飛んでいい。「話す」に絞った人なら、「文法・リーディング力」の後は「リスニング力」を飛ばして、「スピーキング力」に移ってよいということです。

なお、「リーディング力」は文法と同じ第2段階に入っていますが、これは「単語＋文法」を勉強すれば結果的に読む力が鍛えられるからです。他の技能に絞った人がリーディング力を極める必要はありませんが、最低限の単語と文法をマスターして、読んで理解する力は誰にとっても不可欠となります。

最も効率の良い英語学習の手順

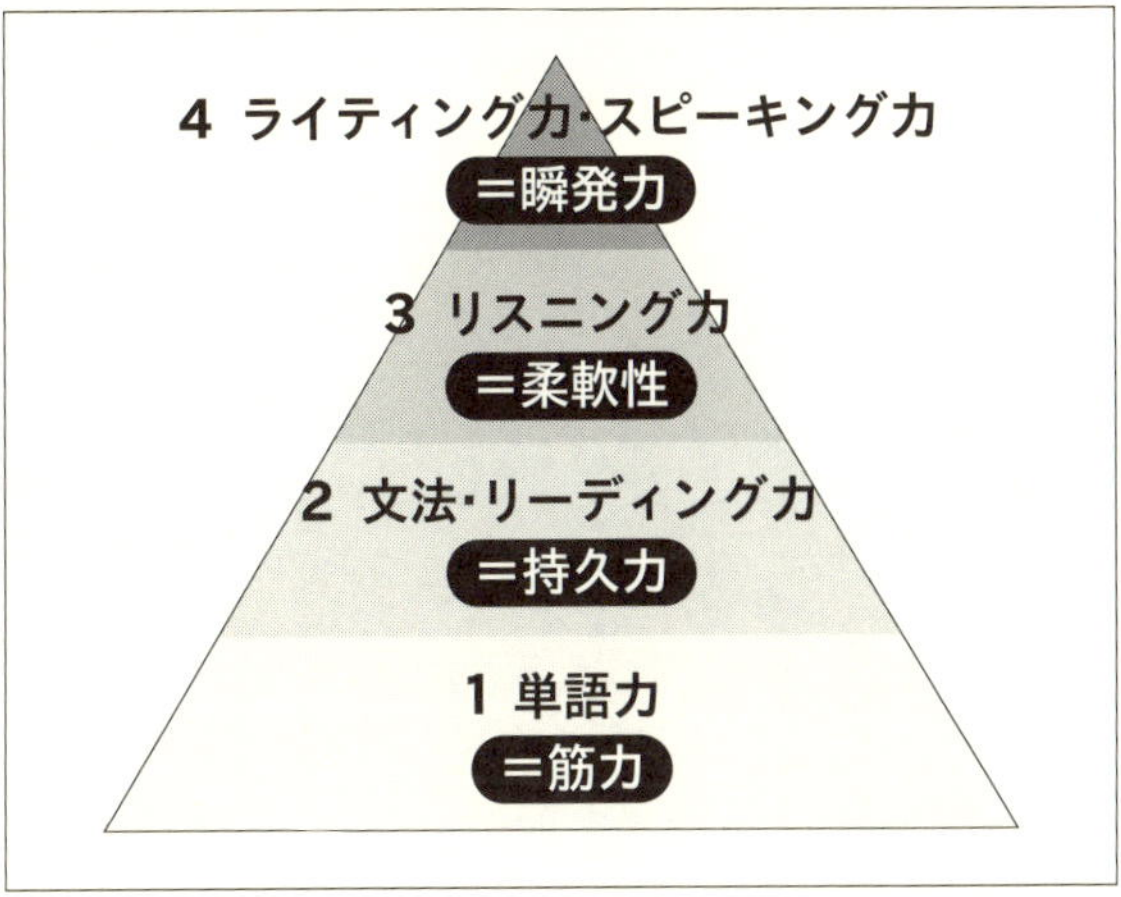

【単語】――1日200語×5日を繰り返す

第1段階の「単語力」を鍛える目安として、先ほど「1カ月で1000単語覚える」ことを推奨しました。1000語をマスターすれば、英文をパッと見た時や英語で話しかけられたときに「わかる！」という実感が得られるレベルになり、英語のスキルとモチベーションが一気に高まるからです。

「1000語なんて無理」と思うかもしれませんが、多くの人が単語を覚えられない原因は、「単語に目を通す回数が少ない」というだけです。1カ月に6回、同じ単語に目を通せば、確実に単語力はアップします。具体的なやり方としては、うろ覚えでいいので「1日200語」に目を通す。すると5日間で1000語に目を通せるので、6日目からはまた最初に戻って1番目の単語からひたすら覚えます。

この「1日200語×5日」を6セット繰り返せば、30日間で同じ単語に6回ずつ目を通せるので、驚くほど単語が覚えられるのです。1日200語に目を通すには2時間はかかりますが、最初の1カ月だけ頑張れば、その後は単語で困ることはほとんどないはずです。

【文法・リーディング】──「繰り返し音読」でマスター

第2段階で文法を学習すべきなのは、前述したように、4技能のどれを学ぶにしても、先に英語のルールを知ったほうが学習スピードが圧倒的に速くなるからです。しかも子供や学生にはない「論理的思考力」という大人のビジネスパーソンならではの強みを最大限に生かせる。英語の理論を理解できる大人は、原則となるシンプルなルールさえ頭に入れれば、時間をかけてたくさんの用法や用例を丸暗記しなくても英文の意味を理解できるようになるのです。

リーディング力を鍛えるには「単語の瞬発力（0・1秒で意味が浮かぶ）」「英文解釈力（文の構造を正しく把握できる）」「音読力（そのまま英文を理解できる）」の3つの力が必要。これらを同時に鍛えるには、きちんと解釈して理解した英文を最低30回、できれば50回ずつ音読すること。数回読んだだけでは、いちいち日本語に置き換えないと意味が理解できませんが、何十回も繰り返し同じ英文に触れることで、英語を英語のまま処理できるようになるはずです。

【リスニング】──「正しい音」を知れば、劇的に聞き取れるように

リスニングができない最大の原因は、「聞こえない」のではなく「知らない」こと。英語の発音には「強形」と「弱形」があり、普段の会話では弱形を使うことが多いにもかかわらず、大半の日本人はそもそも弱形の存在を知らないのです。

弱形の場合、「and」は「アンド」ではなく「ン」と聞こえるし、「for」は「フォー」では

英語には「強形」と「弱形」がある

「弱形」の例

	強形	→	弱形
for	「フォー」	→	「フ」
him	「ヒム」	→	「イム」
and	「アンド」	→	「ン」
can	「キャン」	→	「クン」
some	「サム」	→	「スム」

なく「フ」と聞こえる。つまり「〝アンド〟が聞き取れなかった」と思っても、実は最初からそう言っていないことが多いということ。よって、まずは「正しい音」を知れば、聞く力は短期間で劇的に上がるはずです。

【ライティング・スピーキング】――英文は子供に説明するように!

英作文の学習法といえば例文の丸暗記が主流ですが、もっと効率的な方法があります。それは「子供に説明する」という発想で英文を書くこと。これはスピーキングでも効果を発揮します。

ライティングもスピーキングも、最終的には自分の言いたいことが伝わればＯＫ。よって、難しい言葉や言い回しをわざわざ使う必要はありません。たとえば「それの締切は今日です」を英語にするとき、子供に説明するつもりでやさしく言い換えれば「今日、やらないといけない」となります。これならすぐ「You have to finish it today.」という英文が出てくるでしょう。言いたいことをいきなり英訳するのではなく、子供が目の前にいるつもりで簡単な言い方にいったん和訳するのが英文作成のコツです。

大人が従来の「丸暗記英語」をやり直す必要はありません。昔失敗した学習法をわざわざ繰り返す必要はないでしょう。大人には大人の勉強法があり、さらには個々人でやるべき学習は異なることを、ぜひ知ってもらいたいと思います。

関　正生（せき・まさお）英語講師・語学書作家

1975年、東京都生まれ。慶應義塾大学文学部卒。TOEICテスト990点満点取得。予備校デビュー1年目から、講義を担当する校舎すべてで、常に最多の受講者数を記録。現在はリクルート運営のオンライン予備校「スタディサプリ」、TOEICテスト対策「スタディサプリENGLISH」でも講師を務める。『カラー改訂版　世界一わかりやすい英語の発音の授業』（KADOKAWA）など、英語に関する著書多数。

今、学ぶべき「第二外国語」はどれか？

世界の共通語と言えば英語だが、それ以外にも外国語がたくさんあり、ニーズも高まっている。では、具体的にどんな言語にどんなニーズがあるのか。英語以外にも複数の言語を習得し、「マルチリンガル」として活躍する新条正恵氏に、英語以外の外国語のニーズと、それぞれの言語の特徴をうかがった。

新条正恵
マルチリンガルクラブ主宰

実は「インバウンド」の8割がアジアという事実

英語以外の外国語ニーズを知るためには、ターゲットが「インバウンド」か「アウトバウンド」か、そして、自身の職種は何かの二つの軸で考えるのがポイントです。

まずインバウンドについてですが、2017年には、当初2020年達成を目指していた政府の目標2000万人をはるかに超える2869万人もの外国人が日本を訪れたことは、みなさんすでにご存じの通りだと思います。その内訳を見てみると、半数近くの49・3%が中国、台湾、香港のいわゆる中華圏からの来日客。4分の1の25%ほどが韓国。次点がぐっと下がってアメリカ人の4・8%。

「訪日客と言えば英語」と思われがちですが、実はイギリス、オーストラリア、カナダなどの英語圏も含めても、全体の8~9%ほど。もちろん、英語ネイティブ以外とでも共通語は英語というケースも多いですが、観光施設やホテル、デパートや薬局など現場レベルでインバウンド需要に対応している人は、英語以上に「中国語」「韓国語」のニーズが高まっていることがデータからもわかります。中華系訪日客による「爆買い」の勢いは収まってきたと言われますが、まだまだ大きな市場であることは間違いありません。

もう一つ、面白い動きとして、アジアの観光客が日本の地方に大挙して訪れるということがしばしば起こっています。実はこれは「ドラマ」が理由。韓国では日本の秋田県を舞台にしたドラマが大ヒットし、いわゆる「聖地巡礼」として多くの韓国人が秋田を訪れました。また、タイでは九州を舞台にしたドラマが大ヒットし、そのロケ地となった佐賀県に来るタイ人が急増したそうです。今後は、大都市や著名な観光地以外でも、外国語の需要が高まってくることは確実でしょう。

アフリカでフランス語が必要とされる理由とは？

一方、アウトバウンド、いわゆる海外進出先として多いのは、やはりアメリカと中国でしょう。メーカー系、飲食系に関しては、タイやベトナム、マレーシアなど。このあたりは以前とあまり変わりません。中でもベトナムは最近、企業の進出が増えているようです。ベトナム人は日本人と似て勤勉で生真面目なところがあるため、マネジメントしやすいという理由があるのでしょう。ただ、日本語、あるいは英語を流暢に話すエリートベトナム人を現地で採用する企業が多く、ベトナム語を使う機会はそこまで多くないようです。

一方、中国は北京や上海などの都市部を除くと、日本語はもちろん、英語が話せる人材もまだまだ需要に対して圧倒的に不足しているそうです。中国でも都市部では人件費が高騰してきているため、内陸部に進出する日本の中小企業も徐々に増えているようですが、そこでは中国語が必要とされるでしょう。

職種別にみると、IT系では、中国やインドでの人件費高騰により、バングラデシュやミャンマーへのシステム開発の外注が増えてきているようです。バングラデシュはベンガル語、ミャンマーはミャンマー語ですが、プログラミング言語のロジックは英語のロジックと似通っていてIT系の技術者には英語が話せる人が多いので、現地語でのコミュニケーションはそこまで必要性は高くないかもしれません。

金融業界は、今でも香港やシンガポールが中心。これらの国では英語が主流です。

建設業で最近存在感を増しているのは、中東、そしてアフリカです。中東のエリート層は英語ができる人が多いですが、アフリカは少々複雑です。というのも、アフリカは欧米列強の植民地とされていた歴史があり、その宗主国によって現在も公用語として使われている言語が違うからです。

大きく分けると英語とフランス語となり、英語はナイジェリア、ケニアやボツワナなど。フランス語はアルジェリアや、セネガル、コートジボワールなどの西アフリカ諸国。フランス語は世界的に主要な言語の一つとされ、アフリカでは一定以上の影響力を持っているので、今後、アフリカ進出を見据えてフランス語を、という人も出てくるかもしれません。

ちなみに南アフリカ共和国で使われるアフリカーンス語は、オランダ語が元になっている言語です。元々この地はオランダ人が入植した地だからですが、教育を受けている方を中心に英語も十分通じます。

ビジネスニーズとしてはやっぱり「中国語」

ここまでを振り返ると、ビジネスニーズとして学ぶべき外国語を英語の他に一つ選ぶとなると、やはり中国語でしょう。

中国は地域ごとの言語の差が非常に大きな国です。たとえば北京語と上海語、広東語は別の言語と言っていいくらい異なります。でも、共通語、いわゆる「普通話」を知っていれば、基本的にどこでも通用すると考えていいと思います。というのも、今の中国人たちはテレビを通じて普通話を聞いて育っているので、少なくとも聞いて理解することはできるからです。

中国語には「**中国語検定（中検）**」（165ページ）という試験がありますが、最近注目されているのは、中国政府の公認のもとで設けられた「**中国語検定ＨＳＫ（漢語水平考試）**」（165ページ）という資格です。この資格を取り、中国で活躍している人は多いようです。

アジア系の言語の「簡単な会話力」を身につけよう

私がお勧めしたいのは、複数の言語において「中学レベルの英語＋その国の言語での簡単な会話力」を身につけることです。

とくにアジアの言語がお勧めです。ヨーロッパの人たちに比べ、アジアの人たちは全体的に、英語がそれほど流暢ではないからです。たとえば「英語と韓国語」「英語とタイ語」などですね。

簡単な会話力だけでも、効果は絶大です。私は外国人と一緒に働く際、最初の挨拶はなるべくそれぞれの国の言語で話すことにしています。せいぜい「○○と申します。遠いところよくいらっしゃいました。日本での滞在はいかがですか？」くらいの内容ですが、相手が一瞬で胸襟《きょうきん》を開いてくれるのを感じます。

では、「簡単な会話力とはどの程度か」ですが、私はある言語を習得するに当たっての一つの基準は、「挨拶と自己紹介ができ、疑問点を尋ねることができる（5W1H）」こと。さらに、「3つの話題で15分くらいの会話ができる」ことだと考えています。

そのためには、まずは100単語、そして最終的には600単語の習得を目標にします。

最初のステップとしては、「タクシーに乗って目的地まで行けるようになる」ことを目指します。どんな国に行っても、ホテルの中では英語が通じるところが多いのですが、タ

78 中国語の能力を証明する、代表的な資格

中国語検定（中検）

タイプ　キャリアアップ、転職

時　期　年３回（３月、６月、11月）（１級は11月）

代表的な中国語検定の１つで、日本中国語検定協会が主催。進出先として、そしてインバウンド需要に対応するためにも、中国語のニーズは高まっている。準４級から１級まで６レベルに分かれている。中国語の読解及び聴解能力、翻訳能力が問われる。

79 中国政府公認。注目度が高まりつつある

中国語検定ＨＳＫ（漢語水平考試）

タイプ　キャリアアップ、留学、転職

時　期　年12回（毎月）

中国政府教育部が主催し、世界各国で行なわれている検定で、中国政府公認の資格であることで注目度が高まっている。成績優秀者は中国への奨学金留学も可能。中国でビジネスをしたい人が能力を証明するためにも有用。中国語によるコミュニケーション能力が問われる。

クシーとなるとまず、現地の言葉しか通じません。

言語の難易度にもよりますが、このレベルなら20時間もあれば習得可能です。たとえば1カ月後に現地に行くとしたら、それまでに週3〜4時間ずつ、あとは飛行機の中でざっと練習すれば十分。アテンダントに現地の人がいれば、無料で会話の練習もできます。

ただ、ここで意識してほしいのが「発音」です。いくら単語や文法を覚えていても、発音がまずいと効果は薄れてしまうからです。

語学学校に通うのもいいのですが、今ではインターネットを活用してネイティブの人にオンラインレッスンをしてもらうことも容易です。しかも、価格も語学学校よりずっと安い。浮いたお金で現地に行って言葉を使ってみるほうが、より上達できると思います。

自分だけの「学習ノート」の勧め

語学学習の際、私がお勧めしているのは「自分だけの学習ノートを作ること」です。

単語を増やすに当たっては市販のテキストや単語帳を使ってもいいのですが、自分の必要性や好みから広げていくほうが、よりモチベーションを高く保ったまま語彙を増やしていけます。

私の関心は「食」なので、食に関する言葉から単語数を増やしていきます。たとえばタイ語。タイの焼きそば「パッタイ」は今では日本でも有名ですが、これは「パッ」（炒める）「タイ」（タイ風に）という言葉からなります。さらに「米（カオ）」「ガイ（鶏肉）」「ヌア（牛肉）」などという、炒めものに関連する言葉を覚えていけば、芋づる式に単語が増えていきます。たとえば、「カオパッガイ」は、「カオ」（米）「パッ」（炒める）「ガイ」（鶏）で、いわゆる「チキンチャーハン」です。

語学教材やテキストは体系的に学ぶことができるので悪くはないのですが、学ぶ目的や使用する場面がある程度はっきりしている人は、自分でノートを作りながら勉強するのがいいと思います。

まず100くらいの単語を覚えたら、今度はそれを使って自分にとって必要になりそうな文章を作ってみる。そして、それをネイティブにチェックしてもらう。発音同様、ここでもオンラインレッスンが有効です。

「近い言語」であればあるほど、学びやすい

英語以外の言語は必要や興味に応じて選べばいいのですが、もし「なんでもいいので英語以外の外国語を学んでみたい」というのならば、「近い言語」がお勧めです。これは地理的に近いという意味と言語的に近いという意味がありますが、地理的に近い場所の言葉は、言語的にも近いものです。

日本で言えば、一番のお隣は韓国。日本語と韓国語は語順がほぼ同じで、「私は新条です」は「チョ（私）・ヌン（は）・シンジョウ・イムニダ（です）」と、語順が完全に一致していることがわかると思います。文法もかなり似ています。

また、単語が近いのもポイントで、例えば「簡単」は「カンタン（간단）」とまったく同じ。漢字は朝鮮半島経由で日本に入ってきたものが多いと考えれば、読みが近い単語が多いのも納得です。ただし、韓国語の発音は意外と難しいので注意が必要。

一方、英語が得意な人は、ヨーロッパ系の言語を学んでみるのもお勧めです。英語に最

も近い言語はオランダ語と言われていますが、よりメジャーな言語としてはドイツ語があります。ある程度ドイツ語を学ぶと、英語とドイツ語の対応関係のようなものが見えてきます。特に動詞については、「sing」(英語)「singen」(ドイツ語)など、英語の単語に「en」をつけるとドイツ語になるケースが多く、また、「dr」が「tr」になりやすいことを知っていれば、ドイツ語の「trinken」という単語は、英語の「drink」ではないかと類推できるわけです。

ちなみに地理的にイギリスにより近いフランス語は、ドイツ語ほど英語に近くないので注意。フランス語を習得したいならまず、より学びやすいスペイン語から入るのも手です。文法は少々難しいですが、何より発音がしやすく、日本人でも独学で習得可能なのがスペイン語の特徴です。

スペイン語を経てフランス語やイタリア語を学ぶと、共通点が多いので理解しやすいのです。また、スペイン語はポルトガル語と相当似ており、スペイン語ができればポルトガル語の習得はかなり容易です。

スペイン語はスペインだけでなく、中南米で幅広く使われており、使用範囲が広いのも魅力的。ポルトガル語もブラジルをはじめ各地で使用されています。

私はヨーロッパの言語は英語で学ぶことをお勧めしていますが、日本でも都市部の大きな書店に行けば、英語ネイティブのためのドイツ語教材やスペイン語教材が販売されているので、手にとってみてください。

「自分の耳に心地よい言語」を探してみよう

文法がとにかく苦手という人は、文法が圧倒的にシンプルなマレー語などがお勧めです。マレーシアには多くの企業が進出していますが、英語や日本語ができる人材が多いので、仕事での出番はあまり多くないかもしれません。ただ、マレー語と隣国インドネシアの公用語であるインドネシア語は、ルーツが同じで非常に似通っている言語です。インドネシアは人口も多く、これから注目される国の一つです。

もう一つの選び方としてお勧めしたいのが、「その言語を聞いてみて、耳触りがよかったものを選ぶ」ということです。やはり自分の耳に合う言語を選んだほうが、モチベーション高く学習を続けられるからです。

どの言語が耳に心地よいかは、個人によって違うとしか言いようがありません。たとえばフランス語も中国語も響きの美しい言語だと言われますが、私も中国語の発音は美しいと感じましたが、フランス語の響きはそれほど美しいとは感じられず、2回習得に挑戦したものの挫折しています。そういう人は、中国語を学ぶほうがモチベーションを保てるでしょう。

各種外国語の資格をどう考えるか

日本にはさまざまな言語についての「資格」があります。ただ、現実的には資格取得がキャリアアップや転職につながるのは、英語系の各資格と中国語検定くらいでしょう。

ただ、資格の効能として、自分の実力が客観的に把握できるので、モチベーションアップにつながるということがあります。その意味で、資格取得はお勧めできます。言語にもよりますが、多くの資格は2級くらいがちょうどよく、1級となるとかなりマニアックなものが多いようです。まずは2級くらいを目指してみてはいかがでしょうか。

一つ注意してほしいのは、言語系の資格試験は「読む・書く・聞く」が中心であることが多く、「話す」能力が伸ばしにくいこと。その点は前述のオンラインレッスンなどでうまく補ってほしいと思います。

ただ、「読む・書く・聞く」の能力があれば、「話す」能力も短時間で伸ばせることも事実です。実はこれは英語についても同じで、我々の多くは中学校から高校の6年間、英語を勉強してきたはずです。その知識は確実に我々の頭の中に残っています。それを活かすことで英会話の能力も短期間で伸ばすことが可能なのです。

ぜひ、英語に加えて他の外国語も、楽しみながら習得していただきたいと思います。

新条正恵（しんじょう・まさえ）マルチリンガルクラブ主宰
関西外国語大学卒業。ユタ州立大学ビジネススクール留学後、外資系企業にて12年間勤務。ニューヨークメロン銀行ヴァイスプレジデント職を経て独立。英語の他、中国語、韓国語、スペイン語、トルコ語、タイ語、マレー語を習得。現在、日本最大級の社会人多言語サロン「マルチリンガルクラブ」を主宰。著書に『マルチリンガル式 30日で使いこなせる仕事の英語』（かんき出版）など。

日本で行なわれている主な外国語検定

実用フランス語技能検定

時期 年2回程度

国際機関などでは英語に次ぐ、あるいは同等の影響力を持つフランス語の検定。アフリカにも公用語とする国が多い。

スペイン語技能検定

時期 年2回（6月、10月）

中南米を中心に世界に4億もの話者がいる重要な言語の能力を問う。多くの中南米系移民が住むアメリカにも話者が多い。

ドイツ語技能検定

時期 年2回（6月、12月）（準1級と1級は12月）

EUの中心的国家であり、学術の世界ではいまだ強い影響力を持つドイツ語。英語と近い言語のため、学びやすいのもポイント。

実用イタリア語検定

時期 年2回（3月、10月）（2級と1級は10月）

ファッションや芸術、そして歴史遺産からエンジニアリングまで多様な顔を持つイタリア。その言語能力を問う検定。

ロシア語能力検定

時期 年2回(5月、10月)(2級と1級は10月)

隣の大国として強い影響力を持つロシア。ロシア語は日本人にとって難しいとされるが、それだけにやりがいも。

「ハングル」能力検定

時期 年2回(6月、11月)

「ハングル」は正確には「韓国語で使われる文字」だが、ここでは韓国語を指す。隣国だけに交流の機会は多く、言語的にも学びやすい。

インドネシア語技能検定

時期 年2回(1月、7月)

2億を超える人口を持ち、今後の経済発展が見込まれているインドネシア。マレー語とインドネシア語はほぼ同じ言語。

実用タイ語検定

時期 年2回(6月、11月)(準2級以上は11月)

企業の進出先、そして観光地として重要なタイだが、今後はインバウンド需要も期待される。取っておくと差別化が図れるかも。

※また、語学とは別に、「台湾検定」「タイ検定」「ロシア検定」「韓国検定」など、その国の歴史や文化を問う、国ごとの「ご当地検定」とも呼べるような資格·検定も多い。コミュニケーションに役立つだろう。

第4章

最短で「合格」を勝ち取る勉強法

具体的な資格取得に向かって、いざ勉強開始！　といきたくても、本格的な勉強は学生時代以来、という人もいるはず。しかも、働きながらとなると使える時間も限られてしまう。

そんな条件の中、どのような学習法を取ることで、最短で合格を手にすることができるのか。「資格取得の達人」「勉強の達人」と呼ばれる方々に、忙しい人でも無理なく続けることができる勉強法を伝授してもらった。

計画編

忙しい人が最短で合格できる「試験勉強計画」の立て方

資格を取得するには、いかに効率よく勉強するかが重要だ。そのカギとなるのが、試験日までの「計画」である。モチベーションを保ちながら、最短で合格するための「失敗しないための計画の立て方」を、資格試験対策のプロであり、司法試験などの難関資格試験を突破してきた鬼頭政人氏にうかがった。

鬼頭政人
資格スクエア代表

合格までの時間はなるべく短く設定せよ！

本書の読者には何らかの仕事をしているビジネスパーソンの方が多いと思いますが、資格試験のための勉強は、実は、ビジネスパーソンが日々している仕事と同じです。

まず、すべての仕事にデッドラインがあるように、資格試験勉強にも、試験日というデッドラインがあります。そのデッドラインから逆算で考えるのが、計画を立てるうえでの基本です。

試験日までに、これだけの実力をつけなければならない。そのためには、半年後までにこれだけのことをしないといけない。1カ月後まではこれだけ、1週間後まではこれだけ……、というように、計画を立てていくわけです。

ここで間違えてはいけないのが、目標である試験日の設定です。何年も先に資格試験に合格する計画を立てる人がいますが、それでは実現できる可能性が低くなります。

確かに、司法試験や公認会計士試験に合格するには、普通は何年もかかります。難関の資格試験ほど、合格までにかかる時間は長くなります。

しかし、だからといって3年後に合格するという計画を立てると、「3年かけて、ゆっくり頑張ればいい」と思ってしまうのが人間というもの。そんなに長期間にわたって、集中力を維持することはできません。

ですから、どんなに難しい資格試験でも、遅くても「1年後の合格」を目指して計画を立てるべきです。その心づもりで勉強に取り組めば、緊張感が生まれて、日々の計画をクリアしていけるでしょう。

日々の勉強の計画は、1時間単位、時には30分単位にまで落とし込んで、細かく組み立てましょう。

「この30分間で、これだけの勉強をするぞ！」と考えると、追い込みをかけられている感覚になり、学習効果が高まります。

あなたは「自分が集中できる時間」を知っていますか？

計画を立てるうえでは、「外部分析」と「自己分析」も不可欠です。

これもビジネスと同じです。外部分析は市場環境分析に、自己分析は自社分析に当たります。

資格試験勉強でいう外部分析とは、試験の形式、難易度や合格に必要な点数などの概要をつかむこと。これに関しては、ほとんどの受験者がやっています。

ところが、自己分析は、おろそかにしている人が多い。実は、自己分析こそが、計画どおりに勉強を進められるかどうかを大きく左右する重要なもの。それに気づいていない人が多いのです。

・今の生活で、勉強に割ける時間はどれだけか
・現段階での知識はどの程度か
・記憶力は良いほうか
・集中力は何分くらい持続できるか
・どのような環境に身を置くと集中しやすいか

こうしたことを、しっかりとチェックしたうえで、勉強の計画を立てるべきです。

たとえば、自宅とカフェの両方で勉強をしてみて、どちらがより集中できるのかを確かめる。朝に勉強したり、夜に勉強したりして、どちらが頭に入りやすいかを比べる。そうした実験をして、自分の特性を知りましょう。

そして、自己分析で何より大切なのは、

・テキストを20ページ読むのに何分かかるか

・過去問を20問解くのに何分かかるか

などを計測することです。

自分が、どれだけの勉強をするのに、どれだけの時間を必要とするのか。その把握こそが、計画の根幹です。

ネットのレビューでテキストを選んではならない

以上の分析を行なうことで初めて、「戦略」を立てることができます。

「試験日までの期間のうち、基礎力の養成にこれだけ、過去問の演習にこれだけ、仕上げ

計画の立て方・４つのステップ

外部分析（＝市場環境分析）

試験の範囲や形式、難易度、
合格に必要な点数などを把握する。

↓

自己分析（＝自社分析）

現状の自分の実力、勉強に使える時間、どこでどういう
勉強の仕方をすれば能率が上がるのか、など、
自分について把握する。

↓

戦略

試験日までの大まかな時間の使い方や、使うテキスト・
過去問集、いつどこで勉強するか、などを決める。

↓

戦術

「○時から30分間で、過去問を○問解く」など、
日々の計画に落とし込む。

にこれだけの時間を配分しよう」

「自分にとって最も効果的な、この教材を使おう」

といったことが決まってくるわけです。

テキストは、「ネットのレビューで評判がいいから」などといった基準ではなく、自分の感覚を最優先して選びましょう。人によって、文章や紙面のデザインの好みは千差万別だからです。

自分が「読みやすい」と感じたものが、最も自分の頭に入ってきやすいテキストです。書店で何冊かざっと見て、一番しっくりくるものを選ぶといいでしょう。

薄めのテキストを選ぶのもコツです。重要なことだけを抽出して書いてあるからです。詳しい情報がぎっしりと詰まった分厚いテキストは、ポイントがつかみづらく、特に初心者には向いていません。

薄いテキストをざっとひととおり読んで、まずは試験範囲の全体像をつかむこと。そうすれば、あとから「ここをもっと詳しく勉強するべきだ」という箇所も見えやすくなります。

基本のテキストは、あれこれと手を出さずに1冊に決めてしまい、もし必要が生じれば、補足的に買い足すようにしましょう。

戦略が決まれば、日々の勉強計画という「戦術」も決まってきます。

インプットよりもアウトプットに比重を

もちろん、資格試験勉強では、テキストを読んでインプットすることが欠かせません。

しかし、より重点を置くべきは、アウトプット。すなわち、過去問を解くことです。

読めば理解できる英文でも、自分で書こうとすると書けない、という経験をしたことのある人は多いでしょう。それと同様に、テキストを読んで理解できたからといって、問題に答えられるわけではありません。

ですから、テキストを読むインプットよりも、アウトプットの練習を重ねることのほうが重要。過去問は、実力を試すために解くものではなく、試験の範囲を知り、その範囲について、求められている程度まで理解を深めるために解くのです。

他の方法としては、人に説明することもアウトプットになります。同じ資格試験を目指して勉強している仲間がいれば、お互いに相手の先生になった気持ちで、教え合うといいでしょう。

独学の場合でも、誰かに教えるつもりで文章を書いたり、口に出して解説してみたりすると、効果的です。

今の実力の「1割増し」が、勉強の筋力を高める！

先ほど、自己分析の重要性についてお話ししましたが、計画は、今の自分の実力に合わせて立ててはいけません。それよりも少し高いレベルにトライすることで、実力がアップしていくからです。

筋トレでは、強い負荷をかけることで筋線維を破断させます。壊れた筋肉は、超回復して、もとよりも太くなります。勉強についても、同じことがいえます。

「今の実力なら、これくらい」という勉強量に、「1割増し」をしましょう。一定時間で

資格試験勉強で使えるテクニック

① テキストは変えない

「これは、あのページの右上に図があったよな……」というように、紙面のイメージで記憶を思い出すことも多い。テキストを変えると、記憶が混線してしまう。

② 限界以上の負荷をかける

ムリのない計画では、達成しても成長しない。ギリギリムリそうな目標を立てると、集中力も高まり、勉強の効率が上がる。

③ サボるなら後悔するように

モチベーションが下がって、気持ちが切り換えられないときは、後悔するサボり方をするのも手。スマホゲームのガチャに大金をかけるなど、お金をムダにすると自己嫌悪に陥りやすく、「サボりたい欲求」がなくなる。

④ ノートは取らない

時間のない社会人にとって、きれいなノートを作って勉強するのは時間がもったいない。理解しづらいものを整理したり、覚えづらいものを覚えたりするために「紙に書く」ことは有効だが、チラシの裏に殴り書きで十分だ。

覚える単語の量や読むテキストのページ数、解く問題の数などを、1割増やすのです。

実力がついてくると、勉強のスピードが速くなります。そうしたら、時間当たりの勉強量を増やすよう、計画を見直します。

このように計画を立てていると、「思っていたよりも負荷が大きくて、予定していた勉強を終えられなかった」「残業が入って、今日の予定をこなせなかった」といった事態が生じて、遅れが発生することがあります。それに対応するため、あらかじめバッファを設けておくことも、忘れてはいけません。

仕事でも、必ずバッファを設けて納期を設定するでしょう。それと同じように、「夕方以降は勉強しない」「試験日前の最後の1週間は見直しだけ」などと決めておくのです。そして、遅れが発生したら、その時間を勉強に充てるわけです。

突然のスランプ、その二つの理由とは？

計画どおりに勉強しているのに結果がついてこない、ということも、しばしばあります。

「理解」が必要な試験の点数は直線的には上がらない

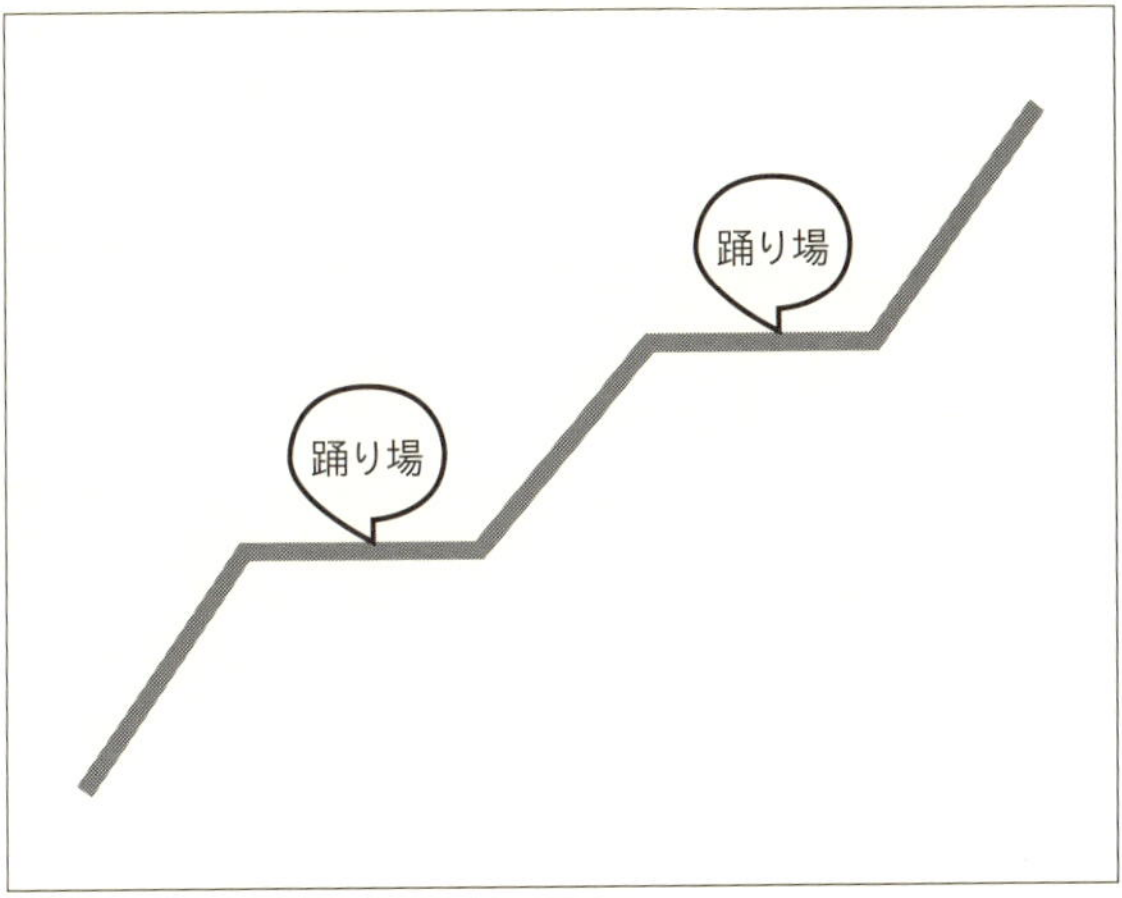

過去問の点数が伸びない、といった状態です。この場合、考えられる可能性は二つあります。

一つ目は、勉強の仕方が間違っている可能性です。テキストや問題集を1冊に絞らず、さまざまなものに手を出していた、というケースが最もよく見られます。

もう一つは、「踊り場」に来ている可能性です。はじめのうちは着実に点数が伸びていたのに、突然、横ばいになった、という場合は、こちらと考えていいでしょう。勉強の仕方が間違っているわけではありませんから、焦らず、コツコツと続ければ、また点数が伸び始めます。

なお、スランプに陥ると、「今年は無理だから、来年に賭けよう」と、当初の1年計画を投げ出す人がいますが、これは悪循環への入り口。デッドラインが1年以上も先になると、緊張感が失われ、次の年も同じことの繰り返しになりがちです。

何が起こっても、デッドラインは変えずに、力を尽くすべき。結果的に、その年は不合格になっても、勉強で高めた実力はムダにはなりません。その次の試験で合格する確率が格段に上がります。

あえて「やり残し」を作ることがやる気を続かせるコツ

最後に、モチベーション維持の方法についてお話ししましょう。

好奇心の赴くままに対象を広げていける「教養」の勉強とは対照的に、資格試験の勉強は、勉強する内容が決まっています。基本的に、同じ作業の繰り返し。ですから、飽きやすい。

そこで、同じ内容の勉強であっても、過去問を解く合い間にテキストを読む、などと変化をつけて、飽きがこない工夫をするといいでしょう。

場所を変えるのも良い方法です。脳科学の研究によると、同じ部屋の中であっても、身体の向きを変えるだけで視界に入る風景が変わり、集中力が回復するそうです。

1日の勉強の最後を、キリの悪いところで終わらせるのも、お勧めの方法です。キリの良いところまでやると、「やり切った」という感じがして、モチベーションが途切れてしまいます。あえて少しやり残し、翌日に持ち越すことで、「やらなければ」という意欲が続くのです。

資格試験勉強は一生モノのスキルである

資格試験に合格することは、ゴールではありません。本当に重要なのは、そのあとのキャリアに、資格をどう活かしていくか、です。

たとえば、ある士業の資格を取ったとして、それを今勤めている会社の中で使うのか、独立開業するのか。同じ士業の人たちが多くいる中で、何を専門分野とするのか。

そうしたことは、自分で考えるしかありません。自分の人生を計画する力を、遅くとも資格試験合格までに身につけておく必要があります。その計画力を鍛えるのにも、資格試験勉強は役立つと思います。

ここでご紹介した、資格試験勉強の基本的な考え方をもとに、みなさん一人ひとりが、外部分析をし、自己分析をし、戦略や戦術を立てて、それを実行してください。その過程で、自分で判断して、問題解決をする力が鍛えられるはずです。

そうすれば、自分のキャリアを自分で切り拓いていくことができるようになる。

資格試験勉強は、資格試験合格のためだけではない、「一生モノ」のスキルなのです。

鬼頭政人（きとう・まさと）資格スクエア代表

1981年生まれ。開成中学、開成高校を経て、現役で東京大学文科I類（法学部）に合格。卒業後は慶應義塾大学法科大学院に進学し、在学中に司法試験に一発合格。司法修習を経て、都内法律事務所に弁護士として勤務。ベンチャー企業を支援したいとの思いから投資ファンドに勤務した後、2013年、資格試験対策をオンラインで提供する「資格スクエア」を創業。著書に『資格試験に「忙しくても受かる人」と「いつも落ちる人」の勉強法』（大和書房）など。

集中編

自分のタイプを知れば「集中」は自在に操れる！

忙しい中で資格取得を目指すには、短時間で密度の濃い勉強をする必要がある。つまり、資格試験合格は「集中力」がカギ。しかし、机に向かって「集中しなきゃ」と念じたところで、集中力は高まらない。では、どうするか。脳科学をビジネスに活かしたコンサルティングを得意とする小沼勢矢氏に聞いた。

小沼勢矢

㈱プロ・アライブ
代表取締役社長

「フロー」状態に入るための3つの条件

社会人が試験勉強に使える時間は限られています。ですから、効率良く勉強しなければならない。そのためには、「いかに集中力を高めるか」がカギとなります。

集中力が高い脳の状態を、「フロー状態」と呼びます。フロー状態に入れば、勉強のパフォーマンスが飛躍的に向上します。

それでは、フロー状態に入るためには、どうすればいいのか。それには、次の3つの条件があります。

(1)達成できそうな、明確な目標を設定すること
(2)フィードバックがあること
(3)自己統制感覚があること

まず、(1)について。資格試験勉強の場合、目標は資格試験に合格することです。その目標が、「やればできる」と思えるレベルでなければ、集中して勉強しようという気になり

ません。また、「明確な目標」というのは、「9月9日のTOEICで750点を取る」というように、期日も含めたものです。期日を決めることで集中力が高まるというのは、普段、仕事をする中でも経験していることでしょう。

資格取得後の未来を、リアルに生々しく描いてみよう

しかし、最終的な目標を設定するだけでは、長期間にわたって集中力を維持することはできません。中間目標をいくつか設定し、自分がどこまで到達しているのかを、その都度、確認する必要があります。これが、(2)の「フィードバック」です。

資格試験勉強でいえば、本番と同じ条件で過去問を解き、点数を確認することが、フィードバックを得る方法の一つになります。

(3)の「自己統制感覚」とは、自分で自分をコントロールできている感覚のこと。勉強をしたことで点数が上がると、もっと勉強をして点数を上げようという気持ちになり、集中力が高まるわけです。

難しいのは、会社から「TOEICで750点を取るように」と命じられて勉強するようなケースでしょう。そもそも、目標を自分でコントロールできていないので、集中力が高まりにくい。

その場合は、まず「TOEICで750点を取れば、こんな理想的な状態が待っている」というポジティブな未来を、できるだけリアルに生々しく想像してください。

「目標が自分にとってどんな意味があるのか」がはっきりしないと、人間は、集中力を高めるどころか、行動すら起こしません。

行動するために必要なのは、やる気でも、行動力でもなく、「実感」なのです。

想像力を駆使して、自分の未来を実感できるまでになれば、勉強をする意味が「自分ごと」になります。自分ごとになれば、自己統制感覚を持てるようになります。

「集中のスイッチ」は脳のタイプによって異なる!?

以上を前提として、日々、勉強に取りかかるときには、どのようにして集中力を高めれ

脳のタイプ別「集中のスイッチ」

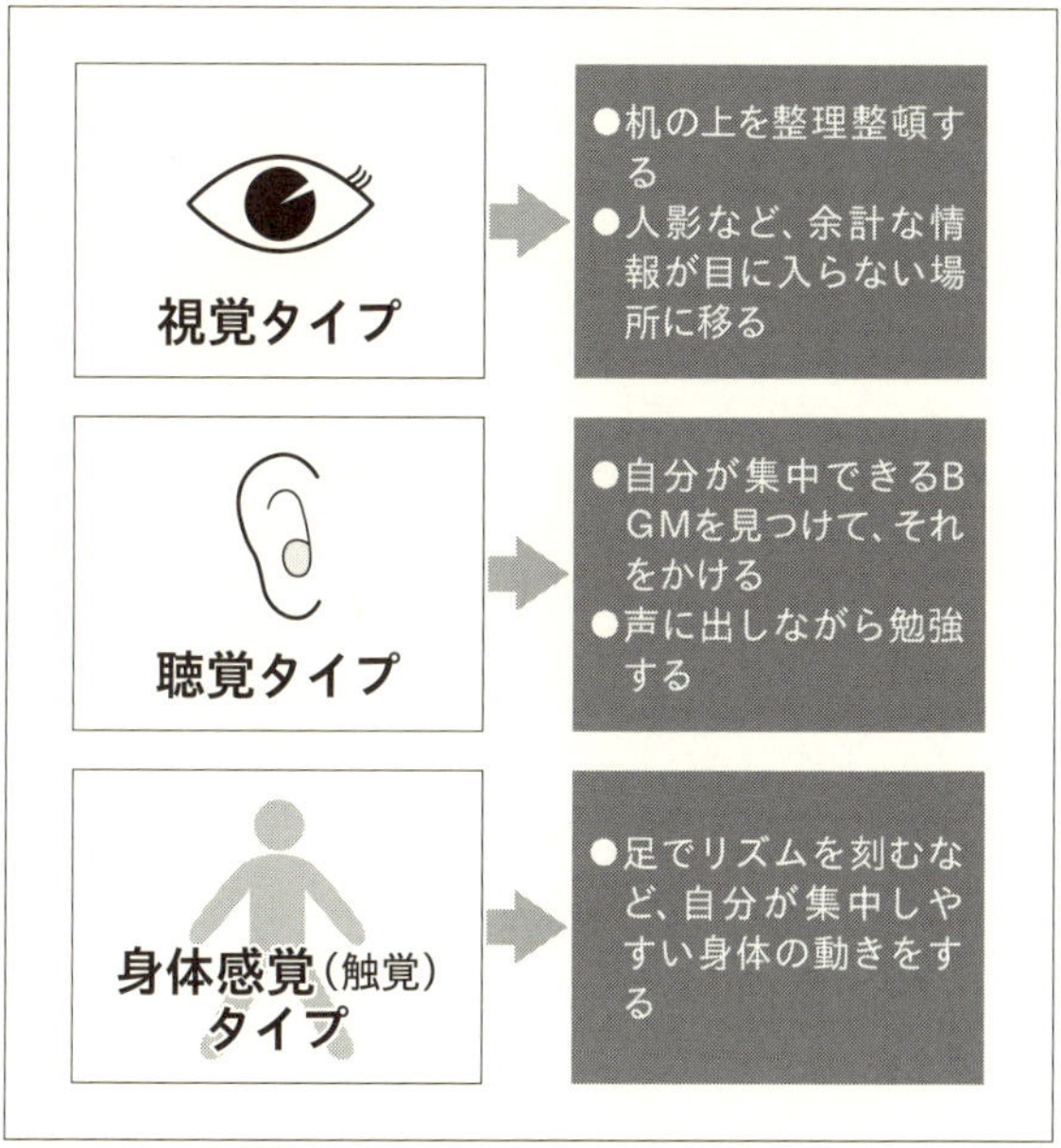
視覚タイプ
●机の上を整理整頓する
●人影など、余計な情報が目に入らない場所に移る
聴覚タイプ
●自分が集中できるBGMを見つけて、それをかける
●声に出しながら勉強する
身体感覚（触覚）タイプ
●足でリズムを刻むなど、自分が集中しやすい身体の動きをする

ばいいのか。

ここで知っておいていただきたいのが、脳にはタイプがあり、人によって違うということです。

人間は、「視覚」「聴覚」「身体感覚（触覚）」「嗅覚」「味覚」の五感によって、情報を知覚しています。そして、どの感覚が優位に働くかは、人によって異なっています。

多くの人は、視覚、聴覚、身体感覚のどれかが優位になっています。

視覚タイプの人は、集中力を高めるために、視覚を活用するのが有効です。

たとえば、「合格したら沖縄へ旅行する」と決めておき、勉強を始める前に沖縄の風景写真を眺める。すると、それが集中のスイッチになります。

聴覚タイプなら、自分に対する声がけをすること。「9月9日のTOEICで750点を取る！」などと目標を声に出すことで、集中力がグッと高まるのです。

勉強前に好きな曲を聴いたり、自分にとって心地良いBGMをかけたりするのも効果的です。

身体感覚タイプの人には、脚や指でリズムを刻むことで集中できる人もいます。

また、触り心地の良い文房具やノートを使ったりするのも、集中のスイッチを入れることにつながります。

では、どうすれば、自分の脳のタイプがわかるのか。たとえば、次のようにして見分けられます。

「部屋や机の上が散らかっていると、気が散って集中できない」という人は、視覚タイプの可能性が高いでしょう。

「カフェや電車内など、雑音が多い場所では集中できない」という人は、聴覚タイプの可能性が高い。

「電子書籍ではなく、紙の本をめくりながらでないと、内容が頭に入らない」という人は、身体感覚タイプの可能性大です。

自分がどのタイプかわからなければ、世の中に紹介されているいろいろな集中法を試してみてください。そうすれば、「これならフロー状態に入れる！」という方法が、きっと見つかるはずです。

小沼勢矢（こぬま・せいや）㈱プロ・アライブ代表取締役社長

1988年、千葉県生まれ。都内ベンチャー企業でのセールス職を経験し、23歳で起業。その後、日本トップクラスの脳科学コンサルタント石川大雅氏から教えを受け、「実践的脳科学メソッドを体系化したオリジナルメソッドの開発により、3週間で約4500万円の売上げ達成」などの成果を出す。現在は、コンサルティング、セミナー、会員制サービス、学生教育など、複数の事業を多面的に展開している。著書に『自分の脳に合った勉強法』（フォレスト出版）がある。

記憶編

記憶のコツは「フック」を作り、「連想ゲーム」で覚えること

資格試験のための勉強では、覚えることが多い。なかなか覚えられず、「歳のせいかな……」「記憶力が悪いのかな……」などと落ち込む人もいるだろう。しかし、覚えられない原因は別のところにあると、数々の受講生を資格試験合格に導いてきた山口佐貴子氏はいう。誰もがすぐに活用できる「記憶法」とは？

山口佐貴子
㈱尽力舎代表取締役

「アウトプットの形式」に合わせないと、記憶はムダになる

「覚えようとしても、なかなか覚えられない。自分は記憶力が悪いんだ」。そう思っている人は多くいます。

しかし、記憶力の良さは、生まれつきのものではありません。

では、覚えられる人と覚えられない人の違いは、どこにあるのか。最大の違いは、「なんのために覚えるのか」というゴールを明確に設定しているかどうかです。

資格試験勉強の場合は、試験に合格することがゴールになりますが、「なぜ、その資格を取るのか」という確固たる理由があることが重要です。

「最悪、今年は受からなくてもいいか……」という言葉が少しでも頭をよぎったら、アウト。人は、逃げ道があると、必ず易きに流れます。

また、記憶が苦手だと思っている人は、プランニングができていないケースもあります。

一定の期間で記憶できる量には、どうしても限界があります。資格試験の直前になって

から、一気に覚えようとしても、覚えきれないのは当然。試験日から逆算して、いつまでにどれだけ記憶するかを計画する「期間のプランニング」が必須です。

また、試験がマーク式なのか、記述式なのか、あるいは口述式なのかによって覚え方を変える「アウトプット形式によるプランニング」も大事です。

わかりやすい例として、「バラは漢字でどう書くか」という問題をあげましょう。マーク式なら、選択肢の「薔薇」という文字を見て読める程度に覚えていれば、正解できます。しかし、記述式なら、自分で「薔薇」と書けるように覚えておかないと、正解できません。記憶のレベルが全然違うことがおわかりでしょう。

「記憶する」とは、「正しくアウトプットできる」ということ。アウトプットの形式を考慮せずに、なんとなく覚えても、資格試験に合格することはできません。

イメージと語呂合わせを最大限に活用しよう！

具体的な記憶術としては、「フック」を作ることが効果的です。

押さえておくべきキーワードさえしっかり覚えておけば、すべてを丸暗記しなくても、キーワードがフックとなって、関連する内容を思い出すことができます。

人には、視覚で覚えるのが得意か、聴覚で覚えるのが得意か、身体を動かして（身体感覚で）覚えるのが得意かの、3つのタイプがあります。ですから、キーワードを覚えるときは、自分がどのタイプなのかを意識して、自分に合った方法を選びましょう。

視覚派の人なら、漢字をビジュアル的なデザインとして捉える。聴覚派の人なら、声に出して読み、自分の声を耳で聴く。身体感覚派の人なら、自分の手で何度も書く、といった方法で覚えるわけです。

また、連想ゲームで記憶することも有効です。

たとえば、視覚派の人が「エビングハウスの忘却曲線」という言葉を覚えるなら、その言葉が載っているテキストのページに、大きなエビフライが家（ハウス）の上に載っているイラストを描く。

聴覚派の人が日本の国土面積「377972・28平方キロメートル」という数字を覚えるなら、「みんな泣くなニン。ニヤ」と語呂合わせをして、口に出す。意味が通らなくても、自分がわかればいいのです。

身体感覚派の人なら、イラストを描く手の動きを空中で繰り返したり、語呂合わせを繰り返し口に出して、そのときの口の筋肉の動きを覚える――。

このように、感覚と結びついた連想を使って覚えると、テキストの文字を見ているだけよりも記憶しやすくなります。

完璧に覚えたいときは「白紙復元」が効果的

難易度の高い記述式の資格試験に挑戦する場合など、テキストの内容を完璧に記憶したい場合は、「白紙復元」という方法がお勧めです。

白紙復元とは、あることを覚えたら、記憶だけを頼りに、それを白紙の上に復元すること。これができれば、完璧に記憶していることになります。

テキストのあるページを覚えたと思ったら、そのページを隠して、そこに書かれているキーワードを思い出しながら紙に書き出してみましょう。

書けない箇所があれば、そこがまだ覚えられていないところです。復元できない箇所がなくなるまで、何度でも繰り返すことで記憶が定着していきます。

聴覚派の人は、音声テキストを聴いている途中で止めて、その先を自分で話してみるのもいいでしょう。

最後に、もう一つ、重要なことをお伝えしたいと思います。

それは、記憶はすんなりとはできないものだということです。2回も3回も覚えても、すぐに忘れてしまうからといって、諦めないでください。

記憶が定着するには、最低でも6回、繰り返し覚えることが必要なのです。

山口佐貴子（やまぐち・さきこ）㈱尽力舎代表取締役

大手企業勤務後、パートナーと二つの会社を立ち上げる。2002年、ラーニング・ストラテジーズ社公認フォトリーディングインストラクター。2017年、同シニアインストラクターに世界で初めて認定された。フォトリーディング講座を主催する他、「ライフリモデル理論」を提唱し、それを学ぶ塾も開催。2009年より、ラジオ番組『ベストセラーズチャンネル』のパーソナリティーも務める。著書に『勉強も仕事も時間をムダにしない記憶術』（大和書房）など。

資格索引

PHP
Business Shinsho

月刊『THE21』

プレイヤーとして結果を出すことを求められながら、中堅社員として部下指導やチーム運営までも求められる……。そんな悩み多き40代ビジネスパーソンに向け、明日の仕事に使えるスキルや今後のキャリア形成のヒントをお届けする月刊ビジネス誌。毎月10日発売。

THE21オンライン：https://shuchi.php.co.jp/the21/

〈取材・構成〉
内埜さくら（P.14/P.46）、長谷川 敦（P.70）、川端隆人（P.79）、
塚田有香（P.146/P.191）、林 加愛（P.176）、前田はるみ（P.198）

PHPビジネス新書 401

会社に頼れない時代の「資格」の教科書

2019年1月9日　第1版第1刷発行

編　者　『THE21』編集部
発行者　後藤淳一
発行所　株式会社PHP研究所
東京本部　〒135-8137　江東区豊洲 5-6-52
第二制作部ビジネス出版課　☎03-3520-9619（編集）
普及部　☎03-3520-9630（販売）
京都本部　〒601-8411　京都市南区西九条北ノ内町11
PHP INTERFACE　https://www.php.co.jp/
装　幀　齋藤　稔（株式会社ジーラム）
組　版　有限会社エヴリ・シンク
印刷所　共同印刷株式会社
製本所　東京美術紙工協業組合

ISBN978-4-569-84202-8

「ＰＨＰビジネス新書」発刊にあたって

わからないことがあったら「インターネット」で何でも一発で調べられる時代。本という形でビジネスの知識を提供することに何の意味があるのか……その一つの答えとして「**血の通った実務書**」というコンセプトを提案させていただくのが本シリーズです。

経営知識やスキルといった、誰が語っても同じに思えるものでも、ビジネス界の第一線で活躍する人の語る言葉には、独特の迫力があります。そんな、「**現場を知る人が本音で語る**」知識を、ビジネスのあらゆる分野においてご提供していきたいと思っております。

本シリーズのシンボルマークは、理屈よりも実用性を重んじた古代ローマ人のイメージです。彼らが残した知識のように、本書の内容が永きにわたって皆様のビジネスのお役に立ち続けることを願っております。

二〇〇六年四月

ＰＨＰ研究所

PHPビジネス新書

40代からの「英語」の学び方

10代、20代より速く身につくコツ

『THE21』編集部 編

2017年2月号特集『40代からの「英語」の学び方』が売れ行き絶好調！ 過去の英語特集の記事もくみあわせ、一冊の新書にまとめる。

定価 本体八七〇円（税別）

PHPビジネス新書

40代からの勉強法&記憶術

碓井孝介 著

記憶力が衰える一方、勉強する時間も十分に取れない多忙なミドルに向けて、「一度覚えたら、忘れない」最速暗記法&勉強法を伝授！

定価 本体八七〇円（税別）